UIARAMA COMPACT

AF277680

Montenegro

ANAYA
TOURING

Autor: Miguel Cuesta Aguirre

Responsable de proyecto: David Lozano
Edición y maquetación: Susana Folgado
Cartografía: David Lozano
Producción: Juan José Rodríguez y Antonio Mellado
Diseño tipográfico y de cubierta: marivies

1ª edición: 2025

© Grupo Anaya, S. A., 2025
Valentín Beato, 21. 28037 Madrid
www.guiasdeviajeanaya.es

Depósito legal: M-09.565-2025
ISBN: 978-84-9158-291-5
Impreso en España-Printed in Spain

PAPEL DE FIBRA
CERTIFICADO

La información contenida en esta guía ha sido cuidadosamente comprobada antes de su publicación. No obstante, dada la naturaleza variable de los datos, recomendamos su verificación antes de salir.

Contenido

No hay que perderse

Cómo usar esta guía

Esta **Guiarama** de **Montenegro** se divide en cinco secciones que abarcan los aspectos más importantes de su visita.

Una mirada a Montenegro, páginas 6-17

Presentación
Montenegro en cifras
Lo que no hay que perderse
Naturaleza y paisaje
Un poco de historia
Personajes famosos

La **esencia** de las **montañas** del **Norte**

Diez lugares inolvidables, páginas 18-37

La elección del autor de los diez lugares más atractivos, todos con información práctica.

Visita al país, páginas 38-121

Se divide Montenegro en cuatro zonas, cada una con una introducción y listado de los lugares más interesantes.

La esencia de la Bahía de Kotor
La esencia de la Costa Sur
La esencia de entre capitales
1 paseo en coche
La esencia de las montañas del Norte
Una ruta en tren

Dónde ..., páginas 122-133

Información detallada sobre restaurantes, alojamiento y ocio.

Información práctica, páginas 134-144

Toda la información necesaria para el viajero presentada de forma visual.

Planos

Al principio de la visita se encuentra un mapa de Montenegro con las principales localidades y las zonas que comprenden las distintas secciones de la vista. Cada sección de la visita incluye una cartografía de la misma, indicándose las principales carreteras, localidades e hitos geográficos de la misma.

Lago Skadar

Precios

El precio aproximado de los establecimientos se indicará mediante los signos:

C caro, **M** moderado y **E** económico.

Clasificación por estrellas

La mayoría de los lugares descritos en el libro se han clasificado por su grado de interés como sigue:

✱✱✱	Visita obligada
✱✱	Muy interesante
✱	Interesante

Símbolos utilizados

A lo largo de la guía se han utilizado símbolos sencillos y claros para indicar las siguientes categorías:

🅦	referencia a los planos del final de la guía
✉	dirección o localización
☎	número de teléfono
🕐	horario
🍴	restaurante o café
Ⓜ	estación de metro más cercana
🚍	rutas de autobús o tranvía
🚆	estación de tren más cercana
⛴	ferry más cercano
✈	aeropuerto
ⓘ	información turística
♿	servicios para discapacitados
🎟	precio de la entrada
➕	otros lugares de interés cercanos
❗	más información práctica
🖥	web

Una
mirada

Presentación

Un fiordo noruego en el Mediterráneo pero con calas azul zafiro a los pies de los acantilados. Carreteras inverosímiles que trepan hasta conseguir vistas que justifican un viaje. Ríos vírgenes por navegar, barrancos profundísimos por recorrer y bosques primigenios por abrazar. Monasterios ortodoxos forrados de pinturas murales de estilo bizantino que, iluminadas a la luz de las velas, se vuelven aún más misteriosos. Pueblecitos costeros de aspecto veneciano y, un puñado de kilómetros más allá, otros con aspecto otomano. Cabañas de madera a orillas de lagos glaciares. La masa de agua dulce más extensa de los Balcanes… Cuesta imaginar un territorio tan pequeño en el que se concentren paisajes tan hermosos y tan diversos. Y a pesar de todo, este país de gentes amables y con ritmos de vida pausados sigue siendo un destino relativamente desconocido para la Europa occidental.

En el corazón de los Balcanes, Montenegro es el segundo país más joven del Viejo Continente. Eminentemente montañoso, incluso en la accidentada costa del Adriático, lo atraviesa de sureste a noroeste la cordillera de los Alpes Dináricos, que solo da cancha a una pequeña llanura a orillas del gran lago Skadar, donde se erige la capital. Estas montañas crean una frontera climática y así, junto a la costa, encontremos un paisaje mediterráneo cálido donde crecen viñedos y olivares, y donde la tónica son los quesos de cabra; pero apenas 80 km tierra adentro, podemos esquiar o disfrutar de inmensas praderas de alta montaña donde la tónica son los quesos de vaca.

Esta diversidad geográfica va de la mano de cierta diversidad étnica. Por occidente, localidades como Kotor o Perast, que son las dos grandes joyas monumentales del país con permiso de la Vieja Budva, evocan los tiempos de la República de Venecia. Por oriente, la Vieja Bar todavía rezuma aromas otomanos. Pero ante todo, Montenegro es un país eslavo y de tradición ortodoxa, con una historia paralela a la de Serbia y su Iglesia autocéfala, así como a la de los eslavos del sur en su lucha contra otomanos, austriacos o fascistas italianos y alemanes. Todavía hay un amplio porcentaje de la población que se considera serbia, nación con la que comparte pasado, idioma y religión, pero cada vez son más los que buscan diferencias (por ejemplo en el uso del alfabeto latino) en este país que utiliza el Euro sin pertenecer a la Eurozona o cuelga la bandera de la UE en sus matrículas sin pertenecer a la Unión.

La contrapartida a su exuberancia natural es un patrimonio monumental que ha sufrido mucho por

▲ Isla de Nuestra Señora de las Rocas. Abajo, torre del Reloj de Kotor.

las constantes guerras. Sirva de ejemplo su capital, Podgorica, arrasada en la Segunda Guerra Mundial. En general, apenas quedan yacimientos previos a la invasión otomana, mientras que de época otomana casi solo se conservan monasterios ortodoxos perdidos en las montañas, además de algunas ruinas de fortalezas. Pero a falta de núcleos urbanos con empaque, casi cualquier ruta senderista termina conduciéndonos a un monasterio ancestral con frescos o tallas de valor, que se enmarcan además en un entorno idílico. El país trabaja por recuperar sus joyas supervivientes, aunque a veces de manera excluyente: ante la falta de fondos, es costumbre que el Estado ceda monumentos para su restauración y explotación a empresas privadas, como sucede con el llamativo caso de la península de San Esteban, una de las joyas del Adriático a la que no se puede acceder por ser un alojamiento de lujo. La costumbre afecta incluso a playas de uso privado.

Al planificar un viaje por Montenegro conviene cambiar un poco de mentalidad y multiplicar por dos o tres cada kilómetro a recorrer, y es que aquí la norma son las carreteras estrechas y retorcidas que se comparten con camiones y autobuses. Una idea extraordinaria para quienes dispongan de licencia de navegación es evitar las carreteras viajando de puerto a puerto. Si se dispone de un fin de semana, lo mejor será limitar el radio de acción a la bahía de Kotor y solo abordar el interior cuando se viaje al menos cuatro o cinco días. Un circuito montenegrino completo podría consistir, desde Podgorica, en recorrer los cañones del Morača y del Tara, visitar Durmitor, regresar por el cañón del Piva, recorrer la costa desde la bahía de Kotor hasta Bar, y visitar el lago Skadar antes de volver a Podgorica. Quienes busquen una aventura aun mayor por los paisajes más remotos y significativos de los Balcanes, este volumen forma buena pareja con otro título de esta misma colección: *Dubrovnik, Mostar y Sarajevo*.

▲ Bahía de Kotor.

Montenegro en cifras

▎ Geografía, política y economía

Montenegro es uno de los países más pequeños de Europa, con una superficie de 13.812 km², similar a la de la provincia de Córdoba. Suma casi 300 km de costa en el mar Adriático y 680 km de fronteras terrestres con Croacia, Bosnia, Serbia, Kosovo y Albania. Su territorio es montañoso y boscoso, abrupto tanto en la costa como en el interior, y con una escasa llanura donde aparecen las dos principales ciudades: Podgorica, con 170.000 habitantes, y Nikšić, con 30.000; otras como Bar, Budva, Cetiña o Kotor oscilan entre 10.000 y 20.000 habitantes. Su principal puerto marítimo es el de Bar, mientras que su punto más elevado es el pico Zla Kolata (2.534 m), en los montes Prokletije, fronterizo con Albania. En el año 2006 Montenegro celebró un plebiscito sobre su permanencia en la extinta Unión Estatal de Serbia y Montenegro, en el que ganó la escisión con un 55% a favor. La Constitución de 2007 establece que la capital es Podgorica, pero que la vieja capital del Reino de Montenegro, Cetiña (*Cetinje*), es la sede del Gobierno. El PIB per cápita en el momento de imprimir esta guía rondaba los 11.000 €, ocupando el puesto nº 75 en la lista mundial.

▎ Población, identidad y religión

El país apenas suma 620.000 habitantes, siendo el nº 44 en Europa por población en una lista de 51, por delante de Malta y por detrás de Luxemburgo. La historia de Serbia y Montenegro está estrechamente ligada, sus gentes hablan variantes de un mismo idioma, comparten religión y suelen tener familia al otro lado de la frontera, así que la división étnica es difusa. El 45% de la población se considera montenegrina, el 29% serbia, el 7% bosnia y el 5% albanesa. Es un país de mayoría cristiana ortodoxa, donde un 70% de sus habitantes se declaran cristianos ortodoxos y un 20% dicen ser musulmanes. La Iglesia Ortodoxa Serbia administra las diócesis de Montenegro, aunque existe un movimiento que busca la autocefalia de la iglesia montenegrina, un paso que algunos consideran necesario para completar su proceso de independencia.

▎ Geopolítica

Los aliados tradicionales de Montenegro han sido Serbia y Rusia por su parentesco étnico, religioso y lingüístico, y por su oposición a los otomanos y a los austrohúngaros. Sin embargo, tras su independencia en 2006 el país ha virado hacia Occidente a la hora de buscar alianzas. En 2017 ingresó en la OTAN, lo

▲ Monjes ortodoxos del monasterio de Ostrog.

que generó una gran división en la sociedad; conviene recordar los bombardeos de la alianza sobre Belgrado de 1999. Además, la polémica ley de Libertad Religiosa de 2019 cuestionaba la propiedad de algunos inmuebles de la Iglesia Ortodoxa Serbia y se interpretó como un movimiento en busca de la independencia eclesiástica montenegrina. Finalmente, el posicionamiento de Montenegro contra de la invasión rusa de Ucrania de 2022 ha profundizado la crisis entre los antiguos aliados, sin embargo, la realidad es que Rusia sigue siendo un gran emisor de turistas al país, tan solo por detrás de Serbia y Bosnia. Desde 2010 Montenegro es candidato oficial para ingresar en la UE, aunque existen problemas de tipo judicial o ecológico que impiden que se complete su adhesión.

▌Idioma

La Constitución de 2007 estableció que el idioma oficial es el montenegrino en sustitución del serbio, si bien los lingüistas consideran que el montenegrino tan solo es un dialecto del serbocroata y mucha gente en el país sigue considerando que habla serbio. Podemos encontrarlo escrito tanto en grafías latinas como cirílicas, siendo más habitual la forma latina en la costa y la cirílica a medida que nos acercamos a la frontera con Serbia y en los contextos eclesiásticos. El alfabeto, en cierta manera, también es un campo de disputa identitaria.

El nombre oficial del país es Crna Gora (pronúnciese *tsérna góra*), que es la traducción al serbocroata de la "Montaña Negra", nombre con el que los venecianos bautizaron a la región en el siglo XIII, en referencia al color oscuro del monte Lovćen. Antes existieron los reinos medievales de Zeta y previamente Duklja (el nombre eslavizado de la provincia iliria de Doclea).

▌UNESCO

Montenegro ostenta 4 bienes Patrimonio de la Humanidad: 2 transfronterizos y 2 exclusivamente nacionales.
– Comarca natural, cultural e histórica de Kotor (1979)
– Parque Nacional de Durmitor (1980-2005)
– Cementerios de tumbas medievales *stećci* (2006, transfronterizo)
– Fortificaciones venecianas de defensa de los siglos XVI al XVII (2017, transfronterizo)

No hay que perderse

▌ Sabías que

El instrumento nacional de Montenegro es la *guzla* o *gusle,* una especie de viola de una única cuerda. El baile nacional es el oro, que más bien parece una representación teatral; el nombre proviene del griego jorós, "danza", aunque suele gustar más la versión que dice que proviene de la palabra eslava orao, "águila", en tanto que el baile imita sus vuelos.

▲ Montenegro ofrece una gran variedad de actividades de ocio: senderismo, carnavales, deportes de aventura…

▌ **Un atardecer desde la muralla de Kotor**. La estampa del sol cayendo por la bahía desde la iglesia de Nuestra Salud mientras ves cómo se marcha un enorme crucero se ha convertido en un icono internacional.

▌ *Rafting* **en el cañón del más grande de Europa**, el del Tara, un río virgen con vistas espectaculares y rápidos aptos para todos los públicos, más aún a medida que avanza el verano.

▌ **Las Ciudades fortificadas de la costa** como Bar, Herceg Novi o Ulcinj, que construidas a medias por venecianos y otomanos, evocan la época en que la Europa cristiana y la musulmana chocaron en el Adriático como.

▌ **La tranquilidad de los montenegrinos,** quienes son famosos entre los yugoslavos por su modo de vida muy reposado, casi perezoso, por su buen humor y por su carácter hospitalario, que suelen aderezar con *rakija*.

▌ **La atmósfera de una iglesia ortodoxa** forrada de frescos de estilo bizantino alumbrados por la luz de las velas, mejor si es en un monasterio perdido en las montañas, o en las islas del lago Skadar.

▌ **Los circuitos panorámicos**. Las carreteras de Montenegro, famosas por sus trazados retorcidos con vistas espectaculares, son un activo turístico en sí mismas. Desde el ministerio de turismo proponen cuatro circuitos que suman 2.000 km.

▌ **Descender serpenteando a Kotor** desde el monte Lovćen es quizá la más panorámica de todas las carreteras del país, incluida en el circuito panorámico nº 3 (*Mar y alturas*).

▌ **Probar el barranquismo en el país de los barrancos.** En esta geografía calcárea de cañones estrechos y sobrecogedores el rey es el del Nevidio (Durmitor) y los príncipes son el Vruća (Bar) y el exigente Grlja (Prokletije).

▌ **El carnaval de Kotor.** Esta hermana menor de Venecia para unos inviernos tranquilos, salvo cuando toca enmascararse.

▌ **Remar por el Adriático en busca de tu zona de baño favorita.** Las aguas habitualmente cálidas y tranquilas este mar lo son aún más en lugares como la bahía de Kotor, una mansa balsa con aspecto de fiordo noruego, o en la Budva, dominada por la icónica isla de San Nicolás.

▌ **Probar los vinos montenegrinos,** preferiblemente visitando alguna de las pequeñas bodegas del entorno del lago Skadar.

Naturaleza y paisaje

El buque insignia de Montenegro es la mitad occidental de su línea de costa: el eje Budva- Herceg Novi. Se trata de un litoral quebrado definido por acantilados, islotes, calas rocosas y la escasez de arenales. Algunos pensamos que el Adriático alcanza aquí su clímax paisajístico, en el de la bahía de Kotor, una especie de fiordo donde el mar se adentra entre montañas que emergen hasta casi 2.000 m sobre la orilla. Pero la mitad sur tampoco está nada mal. Las playas de arena se hacen cada vez más frecuentes a medida que nos acercamos a la frontera con Albania; allí, de hecho, la Playa Grande de Ulcinj suma 12 km de arenal. En esta zona, además, aparecen humedales de importancia internacional como el gran lago Skadar o las salinas de Ulcinj.

Pero a pesar de sus 300 km de costa, Montenegro ante todo es un país boscoso y montañoso. Presume de lagos glaciares, de un puñado de cumbres por encima de 2500 m y del mayor desfiladero de Europa, el cañón del Tara, donde hay un tramo virgen con más de 40 km de longitud y profundidades de hasta 1300 m, que solo es accesible en embarcaciones.

Los Alpes Dináricos atraviesan Montenegro y buena parte de la Península Balcánica en paralelo a la costa adriática, a lo largo de casi 700 km desde Albania a Eslovenia. Existe un proyecto transfronterizo llamado Vía Dinárica que propone tres grandes rutas para recorrer esta cordillera. Es fundamentalmente caliza, con abundantes complejos kársticos, y emergió durante la orogenia alpina en paralelo a sistemas como los Himalayas o los Pirineos. Su macizo más elevado es el de Prokletije, que sirve de frontera natural entre Albania, Kosovo y Montenegro. Aquí, los Alpes Dináricos tocan techo en el Maja Jezercë o Cresta del Lago (2.694 m), mientras que el techo de Montenegro es el pico Zla Kolata (2.534 m).

El macizo más concurrido de Montenegro, sin embargo, es el de Durmitor, en la frontera con Bosnia. Sus cumbres son algo más accesibles, emergen desde un espectacular altiplano y además tiene el cañón del Tara. Todavía hay publicaciones que arrojan erróneamente el dato de que la cumbre más elevada de Montenegro es el Bobotov Kuk (2.523 m) Durmitor.

Pero si hay una montaña verdaderamente famosa en el país, es la que le da nombre: el monte Lovćen, que apenas asciende a 1.749 m, pero su proximidad a la costa lo convierten en un ecosistema fascinante, además de un lugar de mucho significado para el sentimiento nacional.

Parques Nacionales

Montenegro presume de cinco Parques Nacionales. En muchos hay que pagar para acceder. Normalmente hay garitas en los principales accesos pero si no, podemos adquirir los accesos https://nparkovi.me/en/

Durmitor. Es el parque más antiguo. Cumbres vertiginosas, bosques y lagos glaciares, es Patrimonio de la Humanidad.

Biogradska gora. Presenta un bosque primigenio de hayas en torno a un lago, encantador en otoño. Reserva de la Biosfera.

Lago Skadar. El de mayor extensión. Lo caracteriza un gran lago que constituye la mayor reserva de agua dulce de los Balcanes. Por sus islotes encontramos monasterios. Incluido en la lista RAMSAR como humedal de importancia.

Lovćen. Esta abrupta elevación es conocida como el Olimpo montenegrino. Sus bosques oscuros son la razón de ser del ancestral nombre de Montenegro. Coronado por el mausoleo de Pedro II, quizá sea el menos atractivo en cuanto a geografía, flora o fauna, pero no cuanto a vistas.

Prokletije. A medio camino entre Albania, Kosovo y Montenegro, constituye el gran desafío alpino del país. Aquí se encuentra el techo del país en el pico Zla Kolata, con una altitud de 2.534 m. Su nombre significa Montes Malditos.

Un poco de historia

Siglo I a.C.	Fundación de la ciudad romana de Doclea junto a Podgorica.
Siglo VII	Tribus eslavas llegan al Adriático; asentamientos mestizos al amparo de Bizancio y Venecia.
Siglo IX	Surge el Estado de Duklja en las riberas del río Zeta y el lago Skadar como vasallo de Rascia (precursor del Reino de Serbia).
1042	Batalla de Bar: los ejércitos eslavos de Doclea atacaron y derrotaron a las tropas de Bizancio.
1054	Tras el Gran Cisma de la Iglesia, ortodoxos y católicos se disputan la bahía de Kotor.
Siglo XII-XIII	Esteban Nemanja funda la Iglesia Ortodoxa Serbia. Al amparo de Rascia, nace el Principado de Zeta, precursor de Montenegro, con su propia diócesis.
S. XIV	La derrota en Kosovo Polje (1389) ante los otomanos pone fin al Reino de Serbia. El Principado de Zeta cede muchos territorios a Venecia a cambio de protección.
1391	Kotor se constituye como ciudad-Estado independiente.
1405-26	Guerras de Escútari (Skadar) entre serbomontenegrinos y venecianos.
1420	Ante la amenaza otomana, Kotor reconoce la autoridad de Venecia y se integra en la Albania veneciana.
1482	Conquista otomana de Herceg Novi. Iván Crnojević funda Cetiña, que pasa a ser el centro de la vida cultural montenegrina.
1514	Creación de la provincia del Sanjacado de Montenegro con capital en Cetiña.
1571-73	Los otomanos arrebatan a Venecia Ulcinj y Bar. Budva pasa a ser la capital de la Albania veneciana.
1654-57	Los otomanos toman momentáneamente Perast y llegan a sitiar Kotor.
1687	Venecia libera Herceg Novi durante la guerra de Morea, que afecta a Cetiña.
1697	Proclamación del Principado-obispado de Montenegro, un Estado teocrático liderado por Danilo I que se enfrenta al poder otomano.
1711	Se establece una independencia *de facto* de Montenegro.
1766	La iglesia montenegrina resiste desde Cetiña a la supresión del Patriarcado serbio de Peć.

1797 Napoleón conquista Venecia, se extingue la Albania Veneciana y Kotor pasa a formar parte del Imperio Austriaco.

1814 Durante unos meses, Kotor se convirtió en la capital de Montenegro, pero tras el Congreso de Viena, el Imperio Austriaco se anexionó la bahía.

1852 Secularización del Estado teocrático de Montenegro: fin de la última teocracia europea, excluyendo el Vaticano.

1861-78 Guerras turco-montenegrinas que detonan la guerra ruso-turca. Batallas como Grahovac (1858) o Vučji Do (1876) son grandes episodios nacionales.

1878 El Tratado de San Estéfano establece la independencia oficial de Montenegro.

1910 Proclamación del Reino de Montenegro, cuyo trono ocupa Nicolás I.

1912-13 Primera y segunda guerra de los Balcanes. en las que Montenegro amplía su territorio.

1914 Austria declara la guerra a Serbia y Montenegro sale en apoyo de su aliado.

1915 El rey Nicolás capitula ante Austria, pero fuerzas serbo-montenegrinas continúan luchando.

1918 Unidades serbo-montenegrinas expulsan a los austriacos. La Asamblea Nacional de Podgorica depone al rey Nicolás en favor del rey serbio y esta se extingue. Nace el Reino de los Serbios, Croatas y Eslovenos, en el que se integran Bosnia y Montenegro.

1929 Se establece el Reino de Yugoslavia.

1941 La Italia de Mussolini invade Montenegro y crea la *Provincia di Cattaro*, similar a la Albania veneciana. Partisanos resisten en Bosnia a las órdenes de Tito.

1943 Alemania invade Montenegro.

1944 Los partisanos yugoslavos y el Ejército Soviético expulsan a los invasores.

1946 Se constituye el Parlamento de la República Socialista de Montenegro dentro de la República Federativa Socialista de Yugoslavia.

1991-95 Guerras de Yugoslavia y desintegración de la República, en la que solo permanecen Serbia, Montenegro y Kosovo.

1998-99 Guerra de Kosovo.

❙ Siglo XXI

2003. La República Federal de Yugoslavia cambia su nombre a Serbia y Montenegro.

2006. Referéndum de independencia de Montenegro. Victoria del sí con un 55% de votos a favor.

2017. Montenegro ingresa en la OTAN.

2023. Tras tres décadas de mandato del Partido Socialista, el Movimiento centrista y proeuropeo ¡Europa Ahora! gana las elecciones presidenciales y parlamentarias.

Personajes célebres

▌ Esteban Nemanja (1113-1199)

Gran Príncipe del Estado medieval serbio de Rascia, fundador de la dinastía Nemanjić y de la Iglesia Ortodoxa Serbia junto a su hijo Rastko Nemanjić (San Sava), por lo que se le considera padre del Estado serbio. Se cree que nació en la fortaleza de Ribnica (Podgorica). Promovió templos por todo el país y el célebre monasterio de Hilandar del monte Athos, donde murió. Fue canonizado con el nombre de San Simeón y sus restos reposan en el monasterio de Studenica, cerca de la frontera serbio-montenegrina.

▌ Danilo I de Montenegro (1670-1735)

Fundador de la dinastía Petrović-Njegoš, unificó a las familias y clanes del Valiato de la Montaña Negra, una unidad administrativa del Imperio Otomano, y así, en 1697, fundó el Principado-obispado de Montenegro, una entidad político-religiosa no reconocida por los otomanos pero independiente *de facto*. A su mando, los montenegrinos y herzegovinos lucharon juntos contra los otomanos consiguiendo expandir sus dominios. Viajó a Rusia para establecer alianzas y consiguió el reconocimiento de Venecia. Se le conoce como el metropolita Danilo I Petrović-Njegoš, aunque él firmaba como Danilo Šćepčev Heraković Njeguš (no confundir con Danilo I, príncipe de Montenegro).

▌ Pedro I de Montenegro (1747-1830)

Canonizado por la Iglesia Serbia como San Pedro de Cetiña por su contribución al desarrollo de la Iglesia bajo el dominio musulmán, los restos de este *vladika* que se asoció con Rusia y Austria para combatir al Imperio Otomano, y con los ingleses durante el sitio de Kotor para derrocar a los franceses, reposan en el monasterio de Cetiña.

▌ Pedro II de Montenegro (1813-1851)

Este príncipe-obispo de Montenegro, además de poeta y filósofo, fue una de las figuras más relevantes de Serbia y Montenegro; no en vano aparece en los billetes de 20 dinares serbios. Tras su acceso al trono, se centró en crear una estructura de gobierno, fundó el senado de Cetiña, estableció relaciones con Viena y San Petersburgo, e impulsó escuelas e imprentas. Su epopeya *Gorski Vijenac* ("La corona de las montañas") se considera una obra maestra de la literatura serbia. Relata los intentos del metropolita Danilo I Petrović-Njegoš por unificar las tribus guerreras de la región que luchaban contra la islamización otomana.

▲ Sello postal de Pedro II.

Danilo I, príncipe de Montenegro (1826-1860)

Primero fue coronado como Danilo II del Principado-obispado de Montenegro en 1851, pero tras renunciar a su cargo como obispo para centrarse en labores de gobierno civil y militar, en 1852 pasó a ser Danilo I del nuevo Principado de Montenegro, poniendo así fin al último Estado teocrático de Europa. Aunque el suyo seguía siendo un Estado no reconocido, su victoria de 1858 frente a los otomanos en Grahovac le permitió definir oficialmente las fronteras. Su sonada crueldad y su distanciamiento de Rusia le granjearon enemistades y acabó siendo asesinado.

Nicolás I de Montenegro (1841-1921)

Primer y único monarca del efímero Reino de Montenegro que existió entre 1910 y 1918. Uno de los gobernantes más longevos de la historia nacional. Accedió al trono del Principado en 1860 y bajo su liderazgo se produjeron las dos guerras turco-montenegrinas que terminarían, en 1878, con el reconocimiento del Principado de Montenegro como Estado Independiente. Tras un periodo de estabilidad, en 1910 la Asamblea Nacional lo nombró Rey de Montenegro ante los recelos de Serbia. De ideología paneslavista, aspiraba a la unificación de Serbia y Montenegro... siempre y cuando el trono lo ocuparan los Petrović-Njegoš. Tras capitular ante Austria en los albores de 1916, huyó a Italia y Francia, donde trató de restablecer la corona, pero en 1918, la Gran Asamblea Nacional de Podgorica lo depuso e integró a Montenegro en el Reino de los Serbios, Croatas y Eslovenos, liderado por Pedro I Karađorđević. Le llamaban "el suegro de Europa" porque buena parte de su docena de hijos se casó con príncipes y reyes europeos.

Predrag Mijatović (1969-)

Cuando este exfutbolista hispano-montenegrino nacido en Podgorica ganó la Champions League con el Real Madrid en 1998 Montenegro todavía no era un país independiente. Tampoco cuando fue nombrado mejor jugador extranjero de La Liga en 1995-1996 cuando jugaba en las filas del Valencia.

Nikola Mirotić (1991-)

Otro hispano-montenegrino de Podgorica que hizo huella en la liga y selección españolas, aunque en este caso, de baloncesto. Ganó una medalla olímpica, títulos con el Real Madrid y el Barcelona, y jugó en la NBA.

De obispos, príncipes y reyes

Entre 1697 y 1852, los gobernantes de Montenegro son nombrados *vladika*, es decir, príncipe-obispo; entre 1852 y 1910, son nombrados *knjaz*, es decir, príncipe; y entre 1910 y 1918, Nicolás I fue nombrado *kralj*, es decir, rey.

▲ Nicolás I, príncipe de Montenegro.

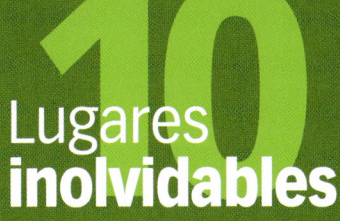

10

Lugares
inolvidables

Bocas de Kotor

1

Este frasco de las esencias del mar Adriático es una concatenación de bahías y penínsulas que forman una especie de estrella, rodeadas por una muralla montañosa con más de mil metros de prominencia. Su retorcida línea de costa va formando "bocas" en las que se cobijan encantadoras ciudades fortificadas en las que chocaron y convivieron a partes iguales latinos y eslavos, católicos y ortodoxos. Entre medias, los bañistas disfrutan de sus calas azul zafiro a los que observan, desde las alturas, senderistas en busca de panorámicas sobrecogedoras.

La bahía de Kotor lleva el sobrenombre del "fiordo más meridional de Europa" a pesar de que su origen no es glaciar. En cualquier caso, no tiene nada que envidiar a estos fenómenos noruegos. A nivel del mar, presenta un clima mediterráneo donde la temporada de baños se alarga más de cinco meses. Pero solo un poco más arriba el clima es subtropical templado, de manera que las cumbres que rodean la bahía son unas de las más húmedas de Europa, por lo que algunas laderas presentan un aspecto ciertamente escandinavo. Descender hasta la costa desde los macizos kársticos de Lovćen u Orjen, con cumbres que rozan los 1.900 m, es una de las grandes experiencias panorámicas montenegrinas.

También espectacular es la entrada a bordo de uno de esos enormes cruceros que se atreven por

los entre estrechos de la bahía, como si fueran las naos de Magallanes pasando el Cabo de Hornos, tan solo que cruzándose con bañistas y kayakistas. De lejos parecen miniaturas en comparación con los acantilados, pero a medida que se aproximan parece que fuesen a hacer rebosar la bahía, particularmente en el estrecho de Verige, un largo pasillo de unos 300 m de ancho, en el que la bahía toca fondo a 60 m de profundidad. El estrecho conduce hasta las últimas bocas, y para cuando los barcos llegan a Kotor, han penetrado 28 km por esta bahía con 107 km de litoral.

Las bocas de Kotor emanan aires mestizos. Tras ilirios y romanos, los eslavos del sur comenzaron a poblar estas costas en el siglo VI para dominarlas al completo a partir del XII, por lo que están plagadas de pequeños templos ortodoxos medievales. Luego, entre 1420 y 1797, la República de Venecia gobernó *le bocche di Cattaro,* cuyos característicos palacios y templos católicos también son seña de identidad de la bahía. Más tarde llegaría la dominación austriaca, entre 1815 y 1918, que dejó su impronta sobre todo en las fortalezas que envidian a los bañistas desde los cabos o desde las cumbres. Finalmente, tras la Primera Guerra Mundial, la bahía volvió a ser de dominio eslavo con el nombre de *Boka Kotorska.* Con todo, desprende un atractivo carácter fronterizo en el que confluyen esencias bizantinas y venecianas.

> **¿Sabías que...?**
>
> La versión eslava de *Bocchhe di Cattaro* es *Boka Kotorska.* Muchos locales llaman a la bahía Boka. Existen cuatro bocas: Herceg Novi, Tivat, Risan y Kotor.

◄ Vista de las bocas del Kotor desde la serpentina.

Perast

Esta pequeña localidad se construyó a imagen y semejanza de la valentía de sus famosos navegantes: no busca refugio en las "bocas" sino que encara peligrosamente el estrecho de Verige, entrada definitiva al fondo de la bahía de Kotor. Su espíritu comerciante ha legado uno de los cascos viejos más hermosos y mejor conservados del Adriático, cuya arquitectura nos transporta a la República de Venecia. Un puñado de edificios ruinosos recuerda el trágico terremoto del 1979, pero aumenta su romanticismo.

Info

Museo de Perast
- ✉ Obala Marka Martinovića.
- ⏲ Oct-abr: M-S, 10-16 h.
  May-sept: M-D, 8-20 h.
  Enero cerrado.
- 🎫 5 €.
  Combinada: 12 €.
- 🖥 www.muzejikotor.me

Perast serpentea por la costa a lo largo de un kilómetro, con un casco urbano estrecho que apenas escala por la ladera. Su frontal marítimo ofrece uno de los mejores paseos de la bahía, con montañas colosales como telón de fondo, y en primer plano su armónica colección de edificios clasicistas acompañada del trajín de embarcaciones que van y vienen de la isla. Apenas suma 200 habitantes, así que se ha encomendado a la industria hotelera para rescatar su patrimonio, ofreciendo una de las estancias más tranquilas y encantadoras de la bahía.

Mantiene inmaculada su apariencia de los siglos XVII y XVIII, de cuando data la mayoría de sus iglesias (casi todas católicas) y palacios barrocos de piedra blanca. Sus torres eran de vital importancia, ya que formaban parte de la defensa de la villa, que nunca estuvo amurallada y fiaba su protección al castillo de la Santa Cruz (*Tvrđava sv. Križa*). La fortaleza, hoy en ruinas, se construyó en el siglo XVI cuando los otomanos conquistaron el acceso a la bahía (Herceg Novi) y Perast pasó a ser el último dique de contención cristiano; una vez expulsados los turcos, esta localidad vivió su edad dorada.

Desde el parking norte, pronto aparece el palacio del capitán Vicko Bujović, de 1694, una de las joyas de la arquitectura civil del Adriático. Alberga el **museo** de Perast, de gran ayuda para comprender el desarrollo de la localidad que está por visitarse, y que muestra algunas armas interesantes, cartas de navegación y obras de artes plásticas. Tras el museo, la diminuta iglesia de San Juan Bautista, del siglo XVI, marca el camino de subida hacia el palacio barroco de Zmajević, de 1664, cuya agresiva rehabilitación tuvo que ser paralizada tras causar daños irreparables. A su lado, la iglesia de Nuestra Señora del Rosario, coetánea, presenta un interesante campanario octogonal y un delicado rosetón en la fachada.

De nuevo en el museo, si hubiéramos seguido por el paseo marítimo alcanzaríamos la impoluta plaza del palacio Smekja, reconvertido en hotel, y de la iglesia de San Marcos, ambas del siglo XVIII. Un poco más allá, en el epicentro del casco urbano, se erige la gran **iglesia de San Nicolás** (▶46). La mitad sudoriental merece un paseo tras la pista del maltrecho palacio Visković o de los de Mazarović o Balović. Desde los embarcaderos sobran las opciones para acercarse hasta la **isla de Nuestra Señora de la Roca** (▶47). Para darse un baño, lo mejor son las "playas" de los extremos del casco viejo.

▼ La arquitectura de Perast emana aires venecianos.

Murallas de Kotor

3

Pocos monumentos pueden, como esta fortaleza, presumir de doble título de Patrimonio de la Humanidad, ya que está incluida tanto en la "Región histórico-cultural y natural de Kotor", como en las "Fortalezas venecianas de los siglos XVI y XVII". Con más de cuatro kilómetros de perímetro, a pie de mar presenta bastiones de hasta dieciséis metros de espesor y veinte de altura, pero luego, por la ladera, escala más esbelta para ofrecer una de las postales más icónicas del Mediterráneo.

Rodeando el casco viejo encontramos sus piezas más poderosas, que son parcialmente accesibles, aunque desgraciadamente no se puede visitar el perímetro al completo. El **bastión Kampana** encara valiente la llegada de navíos por el norte, junto a su vecino el bastión Bembo, en la desembocadura del río Škurda en la bahía, hoy reconvertido en anfiteatro veraniego. Al sur, el hechizante bastión Gurdić constituye una de las partes más antiguas de la defensa, cuya puerta data del siglo X, y se integra a la perfección en la bahía aprovechando la ladera rocosa y un manantial de agua dulce. Entre medias, frente al puerto, la **puerta del Mar** (*vrata od Mora*) es el acceso principal a la ciudad.

A pesar del poderío de sus baluartes, la fama de esta fortaleza reside fundamentalmente en las murallas que escalan las laderas zigzagueando. En ellas encontramos sus elementos más antiguos,

▼ Las fortificaciones de Kotor eran un sistema de defensa encargado de proteger tanto a la ciudad como el puerto de Kotor, de especial relevancia para el comercio marítimo.

que podrían superar los dos milenios y remontarse a las tribus ilirias. Sin embargo no es su edad la que las convierte en la sede de todo un acontecimiento nacional que sucede todas las tardes del verano, cuando cientos de turistas las ascienden para asistir a uno de los grandes espectáculos del Mediterráneo: un atardecer camino al castillo de San Juan. Oficialmente hay dos accesos a esta parte de la fortaleza en los extremos nororiental y suroriental del casco viejo, en los que hay que pagar en horario de "apertura", pero que fuera de este permanecen abiertos.

Desde estos, si ascendemos 20 minutos y 100 m de desnivel, llegamos a la **iglesia de Nuestra Señora de la Salud** (*Crkva Gospe od Zdravlja*), un templo católico de 1518 cuyo campanario con la bahía de fondo es la foto que mejor vende a Montenegro. También podemos seguir hasta los 280 m de altitud (45 min en total) para merecernos el **castillo de San Juan** (*Tvrđava Svetog Ivana*). Sus cimientos se levantaron en época iliria. Luego fue reconstruido por el emperador Justiniano en el siglo VI y se fue modificando hasta vivir uno de sus últimos episodios bélicos en 1813, cuando tropas francesas se atrincheraron aquí durante un asedio británico. Podemos regresar por el mismo camino o trazar un circuito por un sendero que desciende hasta la antigua hidroeléctrica en la otra orilla del río Škurda; allí no hay control de acceso. En total se habrán recorrido unos 4 km con casi 1.400 escalones.

Info

Castillo de San Juan
Verano: 8-20 h.
8 €.

La vieja Budva

4

Desde su casco amurallado de aires venecianos, la hermana mayor observa impasible el frenesí de la nueva Budva, que es la capital estival de Montenegro. Lo hace con la parsimonia que le infunden sus tres milenios de historia, en los que ha visto circular a las grandes civilizaciones del Mediterráneo. Esta pequeña joya medieval suele suponer una breve visita para los que se alojan en la bahía, pero bien merece una pernocta para descubrir sus secretos y oferta cultural.

Budva, el gran destino vacacional montenegrino, se sitúa en una bahía casi milagrosa sobre la que emergen montañas que superan los 1.300 m sobre el nivel del mar. Forma un anfiteatro natural cuya *orchestra* han sabido ocupar sabiamente los ancestros montenegrinos. Hoy se ha convertido en un bosque de torres de hoteles y apartamentos a cuyos pies se viven las noches más frenéticas del Adriático.

Protegiendo la bahía por occidente, la Ciudad Vieja (*Stari Grad*) vive una realidad paralela a este nuevo desarrollo urbano, preservando la misma fisonomía de cuando los venecianos la conquistaron en el siglo XV. Entonces se convirtió en un bastión de la Europa cristiana que contuvo el avance otomano. Conserva todo su perímetro amurallado, con raíces en el siglo IX, y un puñado de pequeños y encantadores templos incluso anteriores a esta fecha. Por sus callejones y plazas de mercado todo lo copan

Info

Información turística
- ✉ Njegoševa, 28.
- ⏱ L-S: 8-21 h.
- 🅿 Parking público: Mediteranska, 1.

▼ Uno de los bastiones de la muralla de Budva.

▲ La vieja Budva se caracteriza por su arquitectura ecléctica.

tiendas de recuerdos, restaurantes y alojamientos con encanto que ofrecen una experiencia algo más sofisticada que en la ciudad nueva.

La vieja Buda es uno de los asentamientos más antiguos del Adriático, cuya convulsa historia es paradigma de Montenegro, con la salvedad de que nunca la dominaron los otomanos. Su primera mención corre a cargo de Sófocles con el nombre de *Buthoe,* cuando la ciudad ya había visto pasar a fenicios e ilirios. Fue colonia griega desde el siglo IV a.C., romana desde el I d.C y luego bizantina, hasta que en torno al siglo X se incorpora a los primeros estados medievales serbo-montenegrinos. Luego, igual que la bahía de Kotor, fue veneciana y austriaca hasta que, tras la Primera Guerra Mundial, regresó por fin a manos eslavas.

Antes de adentrarnos intramuros, junto al hotel Avala aparecen los restos de una necrópolis greco-romana de entre los siglos IV a.C. y II d.C. Desde la vecina playa Ričardova Glava se consiguen buenas vistas de la iglesia de Santa María en la Punta. A su lado se encuentra la Puerta principal (*Velja vrata*), con el escudo veneciano con el León de San Marcos. La cruzamos para recorrer la calle Njegoševa hasta la encantadora plaza de los Poetas (*Trg Pjesnika*), donde se encuentra la información turística, y desde la cual accedemos a los tres grandes monumentos del casco viejo: la **iglesia de San Iván** (▶61), la **iglesia de la Santísima Trinidad** (▶62). y la **ciudadela** (▶61). La guinda al pastel sería un paseo panorámico sobre la muralla, así como disfrutar de los milenarios hallazgos arqueológicos del **museo municipal** (▶64).

Info

Desde 1987, todos los veranos, las plazas y monumentos de Budva se convierten en escenarios de lujo para el festival de música y artes escénicas Grad Teatar Budva.

www.gradteatar.me

Lago Skadar

5

La masa de agua dulce más extensa de los Balcanes sirve de bálsamo en este escabroso país. Sus humedales se consideran uno de los mejores hábitats aviares europeos, mientras que varios de sus islotes albergan monasterios ancestrales. Una embarcación es la llave a los mejores secretos de este Parque Nacional, particularmente durante la floración de sus nenúfares, aunque recorrer las carreteritas de su perímetro también es una delicia panorámica.

Su área hídrica varía ostensiblemente dependiendo de la estación, pero en promedio es de unos 45 km de largo por 15 km de ancho, con dos tercios en territorio de Montenegro y el resto en Albania. Este lago transfronterizo toma su nombre de la ciudad albanesa de Shkodër, y por eso a veces aparece escrito en su versión albanesa *Shkodrës,* en la montenegrina *Skadarsko jezero*, en la italiana *Scutari* e incluso en la española *Escútari*.

Está separado del mar Adriático por una estrecha franja de tierra de apenas 12 km pero que alcanza altitudes superiores a los 1.500 m. Así, su orilla meridional es escarpada, con una **carretera panorámica** (▶106) que la recorre en altura y nos permite ir descendiendo hasta sus pequeñas calas, algunas con embarcaderos desde los que navegar hasta varios islotes con **monasterios** (▶104). Su orilla septentrional, sin embargo, es muy somera y tiene grandes llanuras de inundación que hacen las delicias de las aves migratorias.

La superficie del lago está prácticamente al nivel del mar, pero su fondo se hunde varias de-

cenas de metros bajo este, formando lo que se conoce como una criptodepresión. Su punto más profundo, el Oko Radus, es un manantial de agua dulce a unos 60 m. Hay otros muchos *oko* ("ojos"), es decir, surgencias kársticas que contribuyen a su caudal, aunque sus principales benefactores son el río Morača y el Crnojevića, que forman un amplio delta. Por su parte, el lago solo evacúa por su extremo suroriental a través del río Bojana (o Bune en albanés), con un pequeño curso de 41 km que sirve de frontera natural entre Albania y Montenegro.

Por el lago pasan casi 300 especies de ave al año, tales como el cormorán pigmeo o la garza real, aunque solo una es la reina indiscutible: el pelícano dálmata o ceñudo, el ave de agua dulce de mayor tamaño del mundo, que preserva aquí uno de sus últimos hábitats europeos. Las aves se alimentan de las cerca de 50 especies de peces que nadan por el lago, 7 de las cuales son endémicas. Por su parte, se han contabilizado 17 especies de crustáceos, 10 de ellas endémicas, además de una gran tipología de caracoles de agua dulce con índices de endemismo superiores a lagos como Malawi o el Titicaca. Con todo, hablamos de una reserva única pero también muy frágil ante la sequía y la presión humana.

En su extremo occidental, un puente une las localidades de **Virpazar** y **Vranjina** (▶102), que son la puerta más accesible a este parque nacional, pero también vale la pena descubrir otras más remotas como **Karuč** (▶101) o **Godinje** (▶104), así como su gastronomía y sus vinos de uva *vranac*.

¿Sabías que...?

El lago Skadar fue escenario de los primeros pasos de Montenegro como Estado en la Edad Media, aunque entre 1478 y 1878 estuvo dominado por los otomanos.

Info

- 5 €.
- www.nparkovi.me/en/
- El túnel de Sozina, con un peaje de unos 3 €, es la forma más rápida de viajar desde la costa sur hacia el lago.

◀ No podemos perdernos un paseo por el lago al atardecer en uno de los tradicionales "*čun*" de madera. Sin duda, toda una experiencia.

El viejo Bar (Stari Bar)

6

A camino entre el yacimiento arqueológico y el jardín botánico, la fortaleza de la vieja Bar es un evocador amasijo de ruinas consagrado a la cultura. Sus piedras narran casi toda la historia de Montenegro, que en esta parte tiene una fuerte impronta otomana. Intramuros se mezclan, ya reconstruidos, templos medievales serbios con los palacios renacentistas venecianos y los baños turcos. Extramuros, su populoso bazar es ideal para llevarse un recuerdo y disfrutar de la gastronomía.

La vieja Bar disfruta de una ubicación impecable: sobre un promontorio elevado a 4 km de la costa, pero casi oculta para los corsarios que quisieron venir a saquearla; protegida naturalmente por los barrancos de las montañas que separan las aguas saladas del Adriático de las dulces del lago Skadar, pero con plácidas hectáreas de olivares a sus pies. Con todo, no es de extrañar que lleve casi dos milenios habitada, en disputa entre bizantinos, eslavos, venecianos, turcos… La localidad más multicultural de Montenegro presume de una feliz convivencia entre ortodoxos, musulmanes y católicos: situada a los pies del monte Rumija, allá arriba, cada Domingo de Trinidad, los fieles de uno y otro credo celebran un rito común.

Tras tres siglos de dominio turco, cuando los montenegrinos se hicieron con el control de esta plaza en 1870, la ciudad quedó gravemente dañada y surgió la nueva Bar en la costa. Sin embargo, unos 1.500 irreductibles siguen habitandoen el barrio otomano que se desarrolló extramuros entre los siglos XVIII y XIX. Este preserva su ambiente de bazar oriental, con una característica arquitectura balcánico-otomana que hoy se emplea fundamentalmente para la hostelería, los alojamientos turísticos y tiendas de artesanía y de productos típicos de la gastronomía local como su aceite de oliva, sus quesos, mermeladas de frutas…

Su arteria principal es la calle Starobarska čaršija, es decir, el "bazar de Stari Bar", que lleva desde el aparcamiento, donde se encuentra la oficina de información turística, hasta la puerta de entrada a la **ciudad amurallada** (▶75). El conjunto vive sus horas más felices a finales del mes de noviembre, cuando arranca la cosecha de la aceituna, habitualmente en la célebre **Mirovica** (▶78). Así da comienzo a la esperada *Maslinjada*, es decir, el festival del olivo, un evento que se vale de la cultura de la aceituna para promocionar el resto de su gastronomía y para rendir tributo a su folclore con espectáculos de música y danza.

▲ Visitar Stari Bar es un verdadero viaje hacia el pasado.

Info

Ciudad amurallada
- ✉ Stari Grad Bar.
- 🕐 Verano: 8-21 h.
  Invierno: 8-17 h
- 🎫 3 €.
- 🌐 www.starigradbar.com/en/

Morača

El cañón que excava este río señala el camino más pintoresco para abordar las joyas naturales alpinas del norte del país. A mitad de ruta, el monasterio homónimo emerge como una de las grandes joyas monumentales del país, con un universo de frescos para introducirse y bucear en la espiritualidad ortodoxa.

7

El **monasterio de Morača** se encuentra en el término municipal de Kolašin, presenta un exterior modesto fiel a la escuela arquitectónica de Rascia, o sea, la que determinó la estética medieval sacra serbia y que aún marca la pauta. Su acceso puede hacer pensar que entramos en una fortaleza, pero luego, unos jardines coloridos y delicados te hacen sentir en una apacible casita de campo.

Fue fundado en 1252 por el príncipe Stefan Vukanović, de la dinastía serbia Nemanjić, nieto de Esteban Nemanja, considerado el padre del Estado serbio. En el año 1260 el templo se consagró al Tránsito de la Virgen y se decoró con frescos, de los cuales solo se conservan once escenas de la vida del profeta Elías situadas en el diaconicón, es decir, la cámara al sur del ábside. A principios del siglo XVI, tras un periodo de insurgencias contra el poder otomano, el monasterio fue quemado y abandonado hasta que en 1574 permitió su reconstrucción el Gran visir Sokollu Mehmet Bajá.

A partir de ese momento floreció como centro artístico de gran relevancia y se volvió a cubrir de frescos. Buena parte de las escenas bíblicas que cubren la nave central son de finales del siglo XVI, así como el delicioso *Juicio final* del nártex. Sin embargo, las pinturas más valiosas datan de principios del siglo XVII: los frescos que pintó Georgije Mitrofanović en la fachada occidental y en la parte baja del muro oriental del nártex en 1616, así como, las escenas de la vida de San Esteban de la fachada, pintadas en 1642 por uno de sus discípulos, quien también fue responsable de los murales de la pequeña iglesia aledaña de San Nicolás.

Saliendo desde Podgorica, la carretera M2 nos lleva hasta el monasterio (a 45 km) en paralelo al cañón del Morača, que comienza a la altura de Bioče. Aquí, junto al puente de la M19, podemos darnos un baño en sus aguas turquesas. Más adelante, el río se vuelve más escabroso, con un paso especialmente angosto a mitad de camino. Poco antes de llegar al monasterio, se puede hacer una parada para descubrir el encantador **cañón del Mrtvica** (▶109).

Info

Monasterio de Morača
🕐 8-17 h.
💰 3 €.

▼ Iglesia de la Asunción de la Madre de Dios en el monasterio de Morača.

Cañón del río Tara

8

El curso virgen de este pariente lejano del Danubio ha excavado un desfiladero de 80 km de longitud con profundidades de hasta 1.300 m que lo convierten en el mayor de Europa. Buena parte se puede recorrer por una carretera panorámica, mientras que su parte más agreste solo es navegable. El icónico puente Đurđevića marca la frontera entre estos dos mundos.

Sin presas ni canalizaciones, ancho, caudaloso y de aguas impolutas, la conocida como "lágrima de Europa" es una reserva natural de alto valor ecológico. Su curso de 150 km cruza el país casi de punta a punta, de este a oeste: nace no muy lejos del espectacular **lago Bukumirsko** (▶109), en las estribaciones de los **montes Prokletije** (▶36), luego acaricia el **Parque Nacional de Biogradska Gora** (▶112) y al poco, a la altura de **Mojkovac** (▶113), gira hacia occidente para excavar su famoso desfiladero; el Tara muere cuando se encuentra con el también fundamental cañón del Piva, en la frontera con Bosnia, cuya confluencia constituye el nacimiento del Drina, que luego vierte sus aguas en el Sava, y este en el Danubio.

De los 80 km que suma el cañón, podemos recorrer en coche un tercio por la carretera P4, entre

▼ Las aguas rápidas del río Tara son un deleite para los amantes del *rafting*.

la localidad de Gojakoviǵi y el **puente Ðurđeviǵa** (▶121). Más allá, río abajo, el cañón le pertenece a los osos, lobos, halcones, a las truchas… y a quienes lo navegan.

Para algunos, un *rafting* por el cañón del Tara justifica un viaje a Montenegro. Es una experiencia para casi todos los públicos, con rápidos puntuales y asequibles, mientras que la nota predominante son grandes zonas de remansos donde se puede nadar. Incluso se forman pequeñas playas de arena a los pies de los acantilados donde las excursiones paran y se adentran por el curso de los arroyos para descubrir pozas escondidas en el bosque. Durante el deshielo la experiencia sí puede ser exclusiva para expertos, pero a medida que avanza el año, la corriente cada vez es más mansa y al final del verano es apto incluso para niños pequeños.

Ya desde la localidad de Mojkovac hay muchas agencias que ofertan estas actividades. Es buena idea dormir en alguno de los *camps* que hay en la ribera: alojamientos con cabañas que incluyen la experiencia con el traslado. Los más accesibles están en el entorno del puente Ðurđeviǵa, pero quienes busquen una experiencia más auténtica deberían optar por los de Šǵepan Polje, lo que exige recorrer el maravilloso **cañón del Piva** (▶118).

Anillo de Durmitor

9

Una carretera de montaña que parece salida de un cuento rodea el altiplano del Parque Nacional de Durmitor dejando a tiro de piedra algunos de sus puntos más cotizados y ofreciendo panorámicas que se quedan en la retina.

Info

Durmitorski prsten
- www.montenegro.travel/es/ (Mapas y gpx).
- Distancia: 76 km.

Parque Nacional Durmitor
- 5 € (por día y persona).
- www.nparkovi.me/en/

El macizo de Durmitor emerge sobre una meseta situada a 1500 m de altitud, con casi 50 cumbres por encima de los 2000 m. Lo caracterizan sus praderas de montaña moteadas por cabañas de pastores (*katun*), muchas reconvertidas en alojamientos turísticos, sus 18 lagos glaciares y sus cañones profundos. Este anillo rodea su parte más elevada trazando un circuito de 76 km que muestra todas estas facetas en una propuesta que sirve tanto para un plan de un día, como para hacer varias noches, ya sea en una cabaña, en autocaravana o en tienda de campaña, siempre que se haga en las zonas permitidas y pagando la correspondiente tasa (el trámite se puede realizar en línea).

Conviene trazar el círculo en sentido opuesto a las agujas del reloj. Así, haremos primero la zona más boscosa, menos panorámica y con peor firme, la norte, y dejaremos para el final la sur, la del altiplano, de firme más agradecido, en la que nos vamos aproximando a las grandes y caprichosas cumbres calizas. Pero esto no significa ni mucho menos que la zona norte sea mediocre.

Saliendo de Žabljak hacia el noroeste, tomamos altura mientras dejamos a la izquierda **Crvena Greda** ("Roca Roja", 2.175 m), cuyos acantilados grises toman tonos rojizos cuando el sol está bajo, y que

▼ Parque Natural de Durmitor.

se puede subir en un *trekking* sencillo de 5 km y 400 m de desnivel con vistas al lago Negro; al coronar el puerto se consiguen buenas vistas del cañón del Tara a la derecha. El paso más espectacular de esta parte del circuito es el descenso zigzagueante hasta el **Lago Sušičko**, el punto más bajo del anillo; desde aquí, podemos hacer una ruta a pie de 10 km con 500 m de desnivel hasta el **lago Škrčko** por el cañón del Sušica. Siguiendo el anillo, al salir del cañón aparecen la mayoría de alojamiento de la ruta.

Tras 40 km se alcanza la remota **Trsa**, desde donde podríamos seguir las señales hacia *Plužine* para enlazar con el **cañón del Piva** (▶118) por una carretera deliciosamente descabellada. Pero si seguimos por nuestro anillo, los bosques irán desapareciendo en favor de las praderas de montaña. Tras pasar Pišče, la carretera vira 90º hacia oriente y encara las grandes cumbres del macizo, con los "cuernos" de Sedlena Greda asomando por el horizonte. La llegada al **puerto de Sedlo** es espectacular, desde donde se puede asaltar el techo del Parque Nacional: **Bobotov Kuk** (2.523 m).

En temporada hay algún bar abierto de camino, pero conviene llevar todo lo que se pueda necesitar en caso de emergencia, ya que transitaremos zonas muy remotas. Dada la estrechez de las carreteras, el anillo no es viable para vehículos de más de 7 m de longitud o 2,30 m de ancho. Y aunque está señalizado (*Durmitorski prsten*), conviene descargarse un archivo GPX de la página oficial por si hubiera dudas. En invierno, buena parte del trazado puede quedar sepultada bajo la nieve sin máquinas quitanieves que lo despejen.

▲ El Parque ofrece rutas de senderismo, circuitos de montañas y actividades náuticas, entre otros.

¿Sabías que...?

La Via Dinarica es un proyecto transfronterizo que recorre la cordillera de los Alpes Dináricos desde Albania hasta Eslovenia en unos 1.200 km. La ruta, cuando atraviesa Durmitor, es especialmente virtuosa ya que concatena lagos glaciares como el de Zabojsko, Sušičko, Škrčko y Trnovacko. Este último es una masa de agua espectacular con forma de corazón muy próxima al monte Maglić (2.386 m), que hace frontera con Bosnia.

Parque Nacional Prokletije

10

Sus cumbres descarnadas constituyen uno de los mayores desafíos alpinos de los Balcanes. No en vano, su nombre significa "maldito" o "infernal". Sin embargo, por debajo de los 2.000 m es un paraíso verde y azul abierto a todos los públicos. En esta región limítrofe de carácter multiétnico se siente más el poso cultural y religioso otomano que en el resto de Montenegro.

Info

Oficina de turismo de Gusinje
✉ Ul. Čaršijska br., 62.
☎ +382 68 837 998.

Oficina de información de Plav
✉ Ul. Racina.
☎ +382 51 250 151.

Travesía transnacional
✉ Peaks of the Balcans.
🌐 www.peaksofthebalkans. com

En un recodo del extremo oriental del país, el macizo de Prokletije sirve de frontera natural entre Albania, Kosovo y Montenegro. Aquí, los Alpes Dináricos alcanzan sus cotas máximas, con 20 cimas que superan los 2.500 m, entre ellas el techo de Montenegro, el pico Zla Kolata, con 2.534 m. En altitud, el terreno roza lo inhóspito y está reservado a montañeros, pero por debajo la situación es casi la opuesta. Bajo sus cumbres afiladas de roca caliza aparecen valles glaciares con lagos de montaña idílicos, barrancos profundos y manantiales límpidos que suelen llevar el apodado de *oko,* es decir, "ojo", y es que nos encontramos en un terreno kárstico repleto de cuevas y canales subterráneos.

Prokletije ni tiene tanta fama como **Durmi-tor** (▶116), ni alcanza sus dimensiones, pero si sumamos el área de los parques transfronterizos colindantes, la superficie total protegida sí es muy superior. Del lado kosovar, el **Parque Nacional Bjeshkët e Nemuna** es el mayor del macizo, con su espectacular cumbre y lago de Gjeravica, a 2.656 m y 2.200 m

respectivamente. Por el lado albanés tenemos los **parques nacionales de Theth** y **del valle de Valbuena,** donde encontramos el techo de los Alpes Dináricos en el Maja Jezercë o Cresta del Lago, a 2.694 m, además de otros parajes como los hayedos primarios de Lumi i Gashit. Existe una red de refugios que permite hacer una travesía transnacional de varios días enlazando lo mejor de cada parque, para lo que conviene informarse con antelación de cara a los requisitos aduaneros.

Desde Montenegro, son dos localidades principales desde las que lanzarse a descubrir los paisajes Prokletije. La primera es **Plav,** que a orillas del gran lago Plavsko emana aires helvéticos, aunque desde las calles de su casco viejo su aspecto es más oriental, conservando varias mezquitas históricas, además de su célebre torre Redžepagića del siglo XVII. Desde aquí se pueden hacer rutas sencillas a lagos como el **Visitorsko,** con una isla vegetal flotante, o al de **Hridsko.** La segunda localidad es **Gusinje,** que si bien no es tan atractiva, su ubicación la convierte en la puerta de acceso más interesante al parque. Poniendo rumbo al sur, podemos visitar las **fuentes de Ali Pasha,** hacer barranquismo por el **cañón del Grlja,** mirar a través del **ojo de Skakavice,** ascender por el **valle del Ropojana** hasta el **lago Ropojansko,** o desviarse a medio camino para alcanzar el espectacular **valle de los lagos de Buni Jezercë,** ya en Albania, desde donde los valientes pueden asaltar el techo de los Alpes Dináricos.

▼ Parque Nacional de Prokletije.

La
visita

La **esencia** de la **Bahía de Kotor**

Con más de cien kilómetros de retorcido litoral, el gran destino turístico-cultural de Montenegro alberga sus mayores tesoros monumentales y sus paisajes más sorprendentes. Esta especie de fiordo mediterráneo ofrece perspectivas sobrecogedoras tanto desde las alturas como a ras de mar, mientras que su litoral enamora con mosaicos romanos, palacios venecianos, fortalezas austriacas y con calas y cuevas marinas color azul turquesa. Navegar sus aguas cálidas y tranquilas es la clave para descubrirla en verano; sus carnavales y fiestas invernales nos enseñan el carácter propio de esta región orgullosa que, a decir verdad, no representa el paradigma montenegrino.

▮ LAS BOCAS DE KOTOR (▶20)   ★★★

▮ HERCEG NOVI (CASCO VIEJO)   ★★

En la ciudad más poblada de la bahía se dan la mano los encantos típicos de la coqueta costa adriática y las estridencias habituales de las zonas de veraneo. Desde las empinadas callejuelas de su casco viejo se observa entrada a la bahía, defendida por sus tres fortalezas. Arrancamos en **Forte de Mare**, la más vieja, sobre un promontorio rocoso que se adentra en el mar. Data de cuando el rey Tvrtko I de Bosnia fundó la ciudad en el siglo XIV, pero lleva nombre italiano porque fueron los venecianos quienes la reconstruyeron en el siglo XVII, cuando Herceg Novi todavía se llamaba Castelnuovo. Muy cerca se encuentran las ruinas, desparramadas sobre el mar, de extinto bastión Cidatela, que colapsó con el terremoto de 1879.

Subiendo por Marka Vojnovića o Marka Cara, trepamos en busca de rincones como la **plaza de San Jerónimo**, con la iglesia católica homónima junto a un mirador y restos de la muralla. Más arriba, en la plaza de Trg Herceg Stjepana (que todos llaman *Bellavista*), la exótica **iglesia de San Miguel Arcángel** aúna rasgos venecianos, bizantinos e incluso otomanos. Se construyó entre 1883 y 1911 sobre una mezquita y alberga un interesante iconostasio de mármol. De camino a la segunda fortaleza, merece la pena desviarse a la **plaza Nikola Đurković**, corazón del casco viejo, previo paso por la **torre otomana del Reloj** (*Sahat kula*) y por la escalinata del rey Tvrtko I; el vecino mercado municipal (*gradska pijaca*) nos sirve para tomarle el pulso a la ciudad más cotidiana.

▮ Orientación

Los hitos que se describen a continuación se han ordenado trazando un recorrido por el perímetro de la bahía en sentido horario y comenzando desde occidente.

• • • • • • • • • •

Forte de Mare
🕐 Verano: 8-24 h.
Invierno: 9-16 h.
💰 3 €.

¿Sabías que...?

La bahía de Kotor estuvo disputada por venecianos, bizantinos y eslavos del sur hasta que estos últimos establecen su pleno dominio en el siglo XII. Entre 1420 y 1797 formó parte de la República de Venecia, tras las Guerras Napoleónicas pasó a manos del Imperio Austriaco, y en 1918 se incorporó al Reino de Yugoslavia.

◄ Ciudad vieja de Herceg Novi y la bahía de Kotor.

▼ Vista de la fortaleza de Forte Mare, en Herceg Novi.

1 **2**

A

Mostar

Kalinovik

Foča

Čajniče

M1-111

M-20

E762

MONTAÑAS DEL NORTE

B o s n i a
y H e r z e g o v i n a

Parque Nacional
Durmitor

M-18

Plužine

Žabljak

Gacko

P5

R-5

Stolac

INTERIOR

Šavnik

B

Ljubinje

Bileća

Nikšić

M-6

E65

Trebinje

R-11

M-18

Dubrovnik

Cavtat

Danilovgra

C r o a c i a

BAHÍA DE KOTOR

C

Herceg Novi

Tivat

Kotor

Podgorica

Cetiña

Budva

E65

M a r   A d r i á t i c o

Bar

D

E851

Ulcinj

8,5 km

1 **2**

●●●●●●●●

Fortaleza Kanli Kula
⊙ Verano: 9-20.30 h.
Invierno: hasta las 16 h.

●●●●●●●●

**Herceg Novi
(paseos y excursiones)**

Zavičajni Muzej
✉ Mirka Komnenovića.
⊙ Verano 8-20 h. Invierno:
9-17 h (domingos cerrado).
💰 5 €.

Kuća nobelovca Iva Andrića
✉ Njegoševa, 79.
9-21 h.
💰 5 €.

Monasterio de Savina
✉ Manastirska, 21.
⊙ L-D: del amanecer al
anochecer.
💰 Gratis.
🖥 www.manastirsavina.org

▼ Vista del monasterio
ortodoxo de Savina
enclavado ente la
vegetación.

Casi ya a 80 m sobre el mar, la **fortaleza Kanli Kula,** es decir, la "torre sangrienta", es la más grande, con un espectacular anfiteatro de verano. Su impronta austriaca es evidente, pero es originalmente otomana, del siglo XVI. Y es que Herceg Novi fue la única localidad de la bahía que sucumbió a la Sublime Puerta, formando parte del Sancajado de Bosnia entre finales 1482 y 1687; desde aquí los turcos intentaron avanzar hacia Kotor en múltiples ocasiones pero sin éxito.

Ya fuera del casco viejo y a 150 m sobre el mar, la **fortaleza Española** (*Tvrđava Španjola*), medio abandonada, es sin embargo un construcción otomana que recibe su nombre porque estuvo ocupada por un tercio español entre 1538 y 1539. Este fue sitiado por tropas otomanas y combatió en severa minoría hasta que casi todos los soldados murieron. El episodio, conocido como el Sitio de Castelnuovo, tuvo una gran repercusión en la Europa cristiana, que alabó la valentía de los españoles, pero fue la puntilla para que la Liga Santa desistiera de avanzar en la zona. Como curiosidad: "española" en montenegrino es "španska"; es decir, que *Španjola* es el nombre italiano escrito con sus grafías.

Desde Forte de Mare, caminando 1 km por la costa hacia el noroeste, descubrimos la faceta cultural de Herceg Novi. Su **Museo provincial** (*Zavicajni muzej*) ocupa una hermosa villa noble con un jardín botánico asomado a la bahía. Tiene una muestra arqueológica y etnográfica algo destartalada pero con piezas interesantes, además de fotografías y gráficos del desarrollo de las fortalezas. Muy cerca se encuentra la **casa de Ivo Andrić** (*Kuća nobelovca Iva Andrića*), en la que el premio Nobel de literatura yugoslavo pasó unos años.

En dirección opuesta, 2 km hacia oriente, se encuentra el gran tesoro monumental local: el **monasterio de Savina,** que honra a San Sava, padre fundador de la Iglesia Ortodoxa Serbia. El más antiguo de sus tres templos, la pequeña iglesia de la Dormición, se fundó en el año 1030 y tiene una buena colección de frescos de distintas épocas, destacando los del genial Lovro Dobričević, nacido en Kotor en el siglo XV. El gran templo de la Dormición, concluido en 1799, es una mezcla de estilos latinos y bizantinos, románicos y barrocos, con interesantes trabajos de talla en el coro y el iconostasio. Savina refugió a monjes que huían del célebre monasterio bosnio de Tvrdoš tras la invasión otomana, y algunas de las joyas que trajeron se exponen en un pequeño museo de arte sacro que dice conservar la Cruz de

San Sava. El monasterio produce y vende su propio vino, e incluso ofrece visitas guiadas al viñedo y a la bodega.

De nuevo en Forte de Mare, desde el embarcadero de Škver parten numerosos barcos de línea regular, por ejemplo, hacia la **península de Luštica** (▶57), o hacia Perast y **Nuestra Señora de la Roca** (▶47), ambas buenas opciones para una excursión de un día.

I MOSAICOS ROMANOS DE RISAN ★★

Dominando Risan desde las alturas, la fortaleza iliria de Rizhon es el asentamiento más antiguo datado en la bahía de Kotor. Tras incorporarse al Imperio Romano en el siglo II a.C., la nueva Rhizinium, ya a pie de mar y surtida por abundantes manantiales, vivió una edad dorada en la que llegó a tener 10.000 habitantes y se convirtió en la sede de una primitiva diócesis cristiana. Sin embargo, tras la invasión bárbara de finales del siglo VI, sus mejores logros quedarían sepultados en el olvido hasta principios del XX. Entonces, una serie de exploraciones culminaron con el hallazgo de una *villa urbana* de 800 m^2 que conserva una valiosa colección de mosaicos en

▲ Detalle de mosaico.

⊙ Oct-abr: M-S, 10-16 h; may-sept: M-D, 10-16 h. Enero cerrado.

⊜ 5 €. Combinado para visitar todas las sedes del Museo de Kotor: 12 €.

⌂ www.muzejikotor.me

BAHÍA DE KOTOR

R-11
Risan
P23
P15
Donji Morinj · E65
Perast · Orahovac · Resna
A · M-2 · Herceg Novi
Vuči Do
Durići · Lepetane · M-2
Zelenika · Bijela · Dobrota · Kučišta · P15
516 · E65 · Prčanj
Tivat · Kotor
Rose · Península de Vrmac
Njeguši · P1
Žanjic · Archipiélago de Kitol · P1
Península de Luštica · Mausoleo de Njegoš
Islote de Mamula · R-22
Parque Nacional Lovćen
E65
Radanovići
Glavatičići
M-2 · B
Lastva Grbaljska · Novoselje
M-2.3
Mar Adriático
Budva · M-2
E65
3 km
Isla San Nicolás
1 · 2

¿Sabías que...?

Durante las Guerras Napoleónicas, Montenegro fue cambiando de manos entre Austria, Rusia y Francia. Sus tropas jugaron un papel de cierta relevancia durante la Campaña del Adriático (1807-1814) del lado del Reino Unido y Austria, y en contra de Francia y el Reino de Italia.

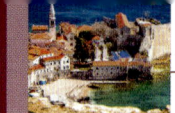

Iglesia de San Nicolás
Iglesia: verano, 9-18.30 h.
Campanario: verano,10-17 h.
Museo: 2 €.
Campanario: 2 €.

el solado. Su joya es una finísima representación del dios del sueño, Somnus. Junto a los mosaicos, un pequeño centro de interpretación recoge una memoria de las investigaciones más relevantes de la zona, y expone una sorprendente colección de piezas de época iliria.

PERAST (▶22) ***

La joya monumental de Perast es este templo católico cuyo campanario constituye una de las señas de identidad de la bahía, que con sus 55 m es el más alto del oriente adriático. La **Iglesia de San Nicolás** se construyó en el año 1616 con una sola nave, y en 1740 se proyectó una ampliación a tres cuerpos que nunca se concluyó y que ha legado un templo peculiar aspecto. Merece la pena pagar la entrada del **museo** ya que da acceso a un presbiterio seccionado que ilustra el estado inconcluso de la ampliación. Además, permite ver un bello altar barroco de mármol, varias esculturas, obras arte sacro y pinturas del célebre artista local Tripo Kokolja (1663-1713). El **campanario,** inspirado en el de San Marcos en Venecia, se comenzó a construir en 1691 a modo de celebración por la expulsión de los otomanos de Herceg Novi, y se concluyó en 1711. Si se suben sus 150 angostos escalones, se disfruta de unas vistas que son buenas sobre todo en el contexto de las campanas, la arquería y la balaustrada.

▼ El casco antiguo de Perast conserva intacta la elegancia de las antiguas villas marineras venecianas que durante un tiempo dominaron la bahía de Kotor.

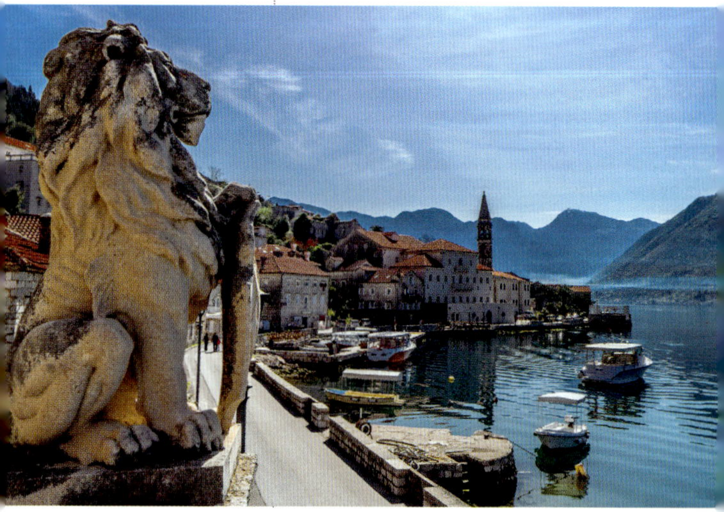

I ISLA DE NUESTRA SEÑORA DE LA ROCA ✹✹

Basta observarla para darse cuenta de que no es una isla normal. Cuenta la leyenda que, el 22 de julio de 1452, unos hermanos encontraron un icono milagroso en una roca que sobresalía del agua; que construyeron un templo diminuto pero que, como no daba abasto para tantos peregrinos, se instauró la tradición de arrojar piedras a su alrededor, e incluso a hundir embarcaciones obsoletas, para ampliar la superficie del islote. Así, se pudo construir esta iglesia en 1630, que se culminó con la cúpula en 1722. En honor al descubrimiento, todos los 22 de julio al atardecer se celebra la Fašinada, una procesión de embarcaciones a la isla. La iglesia en cuestión, católica, sorprende con unos interiores repletos de pinturas murales del siglo XVII. Destacan la Dormición del María del lateral derecho y la Asunción de la bóveda, así como el altar del XVIII con mármoles de distintos rincones del mundo. Fuera, llama la atención la mesa de la reconciliación, que era un espacio tradicional para la resolución de conflictos, así como los miles de exvotos de plata que comenzaron a traer los marineros, agradecidos por regresar sanos y salvos a casa. Junto al templo, hay un pequeño y ecléctico museo que mezcla el arte sacro con la arqueología y la etnografía. El vecino **islote de San Jorge,** cerrado a visitas, sí es un fenómeno de origen natural en el que se ubica una iglesia del siglo XVII. Las tropas francesas lo utilizaron como fortín tras la invasión napoleónica, por lo que fue bombardeado por la Royal Navy británica para luego tomarlo y sitiar Kotor.

▲ Vista panorámica de Nuestra Señora de las Rocas y el islote de San Jorge.

● ● ● ● ● ● ● ● ●

Nuestra Señora de la Roca

🕐 Iglesia y museo: verano, 9-17 h; invierno, hasta las 14 h.

🗄 Museo 3 €. Iglesia: gratis.

⚓ Trayecto en barco desde Perast: 6 € ida/vuelta (de 9-18 h).

Acuario de Boka
✉ Put Bokeljskih Brigada.
🕐 X-D: 10-17 h.
💶 10 € (precios especiales para niños y familias).
🌐 www.aquariumboka.ucg.
ac.me/en/

▼ Kotor desde la muralla, junto a la iglesia de Nuestra Señora de la Salud.

❚ DOBROTA ✱
A medio camino entre Perast y Kotor, Dobrota no está a la altura de la belleza de sus vecinos pero sí podría ser un buen lugar de pernocta para reducir precios y masificaciones. Su parte más pintoresca se encuentra en torno a la **iglesia de San Eustaquio,** con otra algo menos llamativa en torno a la de San Matías. Dobrota alberga la sede del Instituto de Biología Marina de la Universidad de Montenegro, que alberga el **Acuario de Boka,** con varios tanques que muestran parte de la biodiversidad de la bahía.

KOTOR ★★★

La indiscutible joya monumental de Montenegro es este casco medieval de aires venecianos pero con poso bizantino, cuyas murallas se pierden en las alturas. La parte antigua apenas alcanza el millar de vecinos, pero sorprende con una numerosa colección de palacios nobles y de iglesias cuyos tesoros narran la historia del arte cristiano desde sus primeras manifestaciones. Kotor da nombre a la bahía desde su boca más recóndita, hasta la que llegan enormes cruceros que atracan literalmente en la puerta de la muralla a la ciudad medieval, creando

¿Sabías que...?

El 15 de abril de 1979 se produjo un terremoto de magnitud 6.9 en la escala de Richter que provocó casi 200 víctimas mortales y graves pérdidas materiales en Bar, Budva o Kotor. La UNESCO se implicó en la reconstrucción del patrimonio, pero las heridas son todavía visibles.

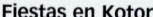
▲ De arriba a abajo: la puerta del Mar, la torre Kampana y la torre del Reloj.

Fiestas en Kotor

Bokeljska noć. La noche de Boka es el fin de fiesta del verano. Se celebra a finales de agosto con un desfile-concurso de barcos engalanados, fuegos artificiales y fiesta en el casco viejo.

Doble carnaval. La impronta veneciana en Kotor se siente a través de un Carnaval con cinco siglos de tradición que, como pasa algo desapercibido durante el invierno, desde el año 2001 cuenta con una versión estival durante los primeros días de agosto.

una de las estampas más llamativas del Mediterráneo. La llegada de estos buques, sin embargo, es un momento ideal para salir con la música a otra parte, huyendo de la masificación en el caso viejo.

La que fue oficialmente *Cattaro* hasta principios de siglo xx, ha sido históricamente una encrucijada de latinos y eslavos, católicos y ortodoxos. Tras la invasión de las tribus bárbaras, se convirtió en una de las famosas ocho ciudades-estado de Dalmacia que, preservando a su población latina, mantuvieron vínculos comerciales con el Imperio Bizantino. Con el paso de los siglos se ha ido eslavizando y a día de hoy la mayoría de su población es montenegrina y ortodoxa, pero mantiene vestigios de su alma libre en un dialecto propio, en su singular gastronomía, en sus genuinos carnavales… De hecho, los locales, cuando van a salir de la bahía, a veces hablan de "ir a Montenegro".

La entrada principal al casco viejo amurallado es la **puerta del Mar** (*vrata od Mora*), de 1555, que perdió su bello león alado y ahora luce una cruz comunista junto un *Tuđe nekemo, svoje ne damo*, una cita de Tito que significa "Lo ajeno no lo queremos, lo propio no lo damos". Destaca la talla gótica que hay bajo su arco, tras el cual entramos en la armónica **plaza de las Armas** (*trg od Oružja*). Hacia la izquierda podríamos adentrarnos en terreno militar, con el arsenal y la poderosa **torre Kampana**. A la

derecha, la **torre del Reloj** del siglo XVII NOS marca el camino hacia el corazón del casco viejo, pasando junto al **palacio de Bizanti**, el mayor del casco viejo, para llegar a la plaza de la Harina (*trg od Brašna*), con la deliciosa fachada del **palacio Pima**. El sótano de este último alberga la **Galería Solidaridad**, la pinacoteca del Museo de Kotor.

Catedral de San Trifón ★★

La diócesis católica de Montenegro presume de ser una de las más antiguas de la Cristiandad, y de que su catedral tiene más años que la mayoría de la Europa occidental. Está consagrada a San Trifón, cuyas reliquias las adquirieron unos nobles. La consagración del templo se produjo el 19 de junio de 1166, aunque el santuario original data de 809, año en el que unos nobles adquirieron unas reliquias de San Trifón cuando estas viajaban de Constantinopla a Venecia en un barco que tuvo que refugiarse de una tormenta en la bahía. Luego tuvo que reconstruirse tras los terremotos de 1667 y 1979, y ahora es casi un puzle de las piezas que se han ido salvando, como si fuera un animal salvaje lleno de cicatrices de batallas que, ya sanadas, nos sirven para repasar su trayectoria.

Merece la pena recorrer su perímetro exterior para observar los relieves y filigranas de las arquerías de los ábsides. En el interior convendría reparar en las tallas en piedra con motivos típicamente

Galería Solidaridad
🕐 M-D: 10-16 h.
🎫 5 € (conjunta con las iglesias de San Miguel y San Pablo).

Catedral de San Trifón
🕐 9-19 h.
🎫 Museo: 5 €.

▲ Exterior e interior de la Catedral de San Trifón.

¿Sabías que...?

Durante las fiestas de San Trifón (2 de febrero), en la Hermandad Marinera de Boca se visten con sus uniformes tradicionales y bailan el *kolo* en una celebración declarada Patrimonio Cultural de la UNESCO.

▲ Barco en miniatura en el museo marítimo.

✉ Trg Bokeljske Mornarice, 391.
🕐 Invierno: L-V, 9-15 h; S-D, hasta la 13 h. Verano: L-V, 9-18 h; S-D, hasta la 13 h.
💶 5 €.
🖥 www.museummaritimum.com

🕐 Abril-octubre: M-S, 10-14 h.
💶 5 € (conjunta con la iglesia de San Pablo y la Galería Solidaridad).
🖥 www.muzejikotor.me

paleocristianos, como los de una pila bautismal del siglo IX, en la notable colección de dinteles de este y otros templos de entre los siglos IX y XV, o en los frescos del XIV en los arcos de las bóvedas, que son casi los únicos que aguantaron los terremotos. El **museo** de la planta superior ofrece una perspectiva privilegiada de las policromías de dinteles o los detalles del rosetón, y muestra una interesante colección de arte sacro. Desde el balcón que se asoma a la plaza, a la derecha vemos el **palacio Drago**, del siglo XIV, pero renovado en el XVII después de que el campanario se desplomase sobre él; este también merece ser rodeado a pie de calle para disfrutar de sus dinteles góticos.

Museo marítimo de Montenegro ✳

Las tres plantas del palacio barroco de la familia Grgurinam muestran la colección de la Hermandad Marinera de las Bocas de Kotor (*Bokeljska mornarica*), una asociación fundada en el año 809 que, desde hace 150 años, se dedica a salvaguardar la memoria y las tradiciones marineras de la bahía. El museo se ve algo vetusto, pero ya casi tiene el encanto de la antigüedad; en cualquier caso, el contenido seguro que le va a gustar a los aficionados a la historia de la navegación. Plantea un viaje por los asedios que ha sufrido la bahía, por sus familias y sus capitanes más notables, por el desarrollo de su escuela naval o por las guerras mundiales en la había. Encontramos referencias a Barbarroja o a la batalla de Lepanto, atlas del Mediterráneo, viejas maquetas de embarcaciones construidas en Kotor, instrumentos de navegación, y destaca una sorprendente colección de armas de fuego de los siglos XVII y XVIII. Son escasas las traducciones, así que es de gran ayuda la audioguía en inglés.

Iglesia de San Miguel ✳✳

Tras la torre del reloj se abre otra plaza dominada por un álamo negro gigante que se plantó tras el terremoto de 1667. La de San Miguel es una pequeña capilla románica construida entre los siglos XIII y XIV sobre los cimientos de una basílica del siglo VI que debió ser de las primeras en la bahía. La excavación arqueológica que descubrió el templo primitivo rescató numerosas piezas de arte paleocristiano, algunas de las cuales se exponen en esta iglesia, ya desacralizada, junto con otras de época iliria o romana, que sirve como sede para el *Lapidarium* del Museo de Kotor. En su viejo ábside encontramos un buen número de frescos del siglo XV, con un gran pantocrátor como pieza estrella, sobre el que se representa la Ascensión de Cristo. La obra se atribuye al célebre local Lovro Dobričević. Junto al templo, parte de la antigua iglesia de Nuestra Señora de los Ángeles, del XVII, hoy sirven como cine y biblioteca; anexo se encuentra un singular museo dedicado al gato.

▲ Iglesia de San Miguel.

Kotor de norte a sur ★★★

Si accedemos al casco viejo por la puerta de Škurda, en la plaza de la madera (*trg od Drva*) destaca la **iglesia de Santa María,** un templo católico del siglo XIII con restos de frescos de finales del XIV, y con un interesante baptisterio paleocristiano del siglo V de un templo anterior. Al suroeste, en la vecina plaza de San Lucas (*trg Svetg Luke*) encontramos una rara avis en esta localidad de antiquísimos templos católicos: la **iglesia ortodoxa de San Nicolás,** concluida a principios del siglo XX, que es la más activa de Kotor. Frente a esta, más modesta se erige la **iglesia de San Lucas,** un templo del siglo XII repleto de enterramientos que originalmente fue católico, durante un tiempo sirvió a ambos credos y desde el XIX es exclusivamente ortodoxo. Anexo a San Nicolás por occidente, el **Bazar Kotor** es un pintoresco mercadillo de artesanía y recuerdos situado bajo las bóvedas de un antiguo monasterio dominicano del siglo XVI. Un poco más allá, destaca el antiguo **monasterio franciscano de Santa Clara** del siglo XVIII, con un interesante altar barroco.

Regresamos a la puerta de Škurda para recorrer la *Ulica 2 Sjever-Jug,* o sea, la "Calle 2 Norte-sur". Tras pasar por la iglesia de San José, a mano izquierda dejamos una **prisión austriaca** del siglo XIX convertida en *hub* creativo, y luego llegamos a la **iglesia de San Pablo,** que ahora, desacralizada, sirve de sede al Museo de Kotor como sala de exposiciones en la que se atisban restos de sus orígenes allá por el siglo XIII. Más adelante, a mano derecha queda un antiguo **hospital militar veneciano** de 1729 que también tiene fines culturales, mientras que a la izquierda aparecen restos del antiguo **monasterio franciscano** del XVII reutilizado parcialmente como alojamiento. El paseo muere en el bellísimo **bastión Gurdić.** Cruzar su puerta y continuar por la calle Njegoševa supone conocer una cara más moderna de Kotor, donde aparecen algunos restaurantes panorámicos y zonas de baño.

Murallas de Kotor (▶24) ★★★

Excursiones

Kotor no puede presumir de las mejores zonas de baño. Quien busque buenas calas y playas, que se dirija a zonas más expuestas de la bahía, y si va a hacerlo en barco, más vale que se suba a uno rápido ya que las distancias son notables. En el puerto sobran las opciones.

• • • • • • • • • •

Iglesia de San Pablo
🕐 Octubre-abril: M-D, 10-16 h.
🎟 5 € (conjunta con la iglesia de San Miguel y la Galería Solidaridad).

¿Sabías que...?

No hace falta recorrer todo el perímetro de la bahía para cruzar de un extremo a otro: la línea de ferris Kamenari-Lepetane nos permite atajar por el estrecho de Verige, que suele ser la opción más rápida para viajar entre Kotor y Dubrovnik. Más Información en www.ferry.co.me

❙ PENÍNSULA DE VRMAC   **

Por su cara oriental, la que se enfrenta a Kotor, esta península presenta una ladera prominente y boscosa que merece un día de senderismo. Una ruta puede arrancar en Muo, desde donde asciende un zigzagueante sendero militar de época austriaca que lleva el nombre del emperador Francisco-José I (*Franjo-Josip staza*), construido en 1860 como acceso a la imponente **fortaleza de Vrmac**, a casi 500 m de altitud. Ampliada a finales del XIX, era la posición austriaca más moderna en la bahía cuando estalló la Primera Guerra Mundial, por lo que fue intensamente bombardeada por los montenegrinos, pero igualmente sigue siendo una de las fortalezas mejor conservadas de la bahía. Avanzamos hacia el norte por un sendero que asciende suavemente hasta el **monte de San Elías** (*Sveti Ilija*), a 785 m de altitud, el techo de la península, desde donde descendemos por un robledal en dirección a Gornji Stoliv hasta las iglesias de Santa Ana y San Elías. Aquí, manteniéndonos a unos 100 m de altitud, caminamos en paralelo a la costa por un sendero empedrado panorámico que se dirige a **Prčanj**. Al llegar al desvío que desciende a esta interesante localidad costera, valdría la pena continuar un par de cientos de metros más allá para visitar la antigua **iglesia parroquial** (*Stara Župna crkva*) del siglo XVIII, católica, que hoy abandonada brinda una romántica estampa. Esta ruta circular suma unos 20 km, pero se puede elegir solo un fragmento.

Prčanj   *

Punto fuerte del correo marítimo durante la República de Venecia, su joya monumental es la gran **iglesia de la Natividad,** católica, construida a lo largo del siglo XVIII en estilo barroco, con una majestuosa escalinata que también la convierte en un excelente mirador, y una interesante colección de esculturas entre las que cabe mencionar la de Ivo Visin, primer eslabón del sur en circunnavegar la Tierra. También merece un vistazo su vecina, también católica, **iglesia de San Nicolás,** de inicios del XVIII, con un monasterio franciscano anexo. Un poco más al sur se encuentra el palacio gótico de las Tres Hermanas, del siglo XV, con dos ventanas tapiadas que engendraron una famosa leyenda nacional: enamoradas de un mismo marinero, las tres lo esperaron asomadas cada una a su ventana, habiendo acordado que, cuando una muera, las otras tapiarían su ventana como señal de que ya no esperaba al marinero; muertas las dos primeras y tapiadas su ventanas, al morir la tercera, la suya quedó abierta.

▲ Fachada de la iglesia de la Natividad.

▲ Puerto deportivo de Tivat.

Tivat ✱

Al otro lado de la península de Vrmac, por occidente, la orografía cambia radicalmente, con un terreno suave que ha permitido el desarrollo del segundo gran núcleo urbano de la bahía y de su aeropuerto. Tivat es una ciudad moderna donde todo gira en torno al principal puerto deportivo del país, lo que le infunde cierta atmósfera de exclusividad. Nació a finales del siglo XIX como puerto de la armada austro-húngara, lo que abocó a la ciudad a ser protagonista en ambas guerras mundiales, por ejemplo como punto de reparación de submarinos en la Primera, o con el levantamiento de 1943 de los trabajadores del arsenal contra los ocupantes italianos en la Segunda. En el **Museo de Patrimonio Náutico** (*Muzej nautičkog nasljeđa*) se puede descubrir su historia a través de más de 300 objetos, donde destaca una pareja de submarinos de construcción yugoslava, uno de los cuales se puede visitar con guía. Conviene comprobar que el museo se encuentra abierto antes de visitarlo.

Museo de Patrimonio Náutico
✉ 1 Blaža Jovanovića.
☎ +382 67 221 326.
🕐 Verano: 9-10 h.
Invierno: 10-16 h.
🎟 2 €. Submarino: 5 €.
🖥 www.portomontenegro.com

Teleférico de Kotor ✱✱

La última gran incorporación a la bahía es este teleférico que discurre en paralelo a la **serpentina de Kotor** (▶91). Partiendo casi desde el nivel del mar, alcanza una altitud de 1.340 m, en la base del **monte Lovćen** (▶89), tras recorrer 3.900 m en 11 minutos, en cabinas panorámicas con capacidad para 10 pasajeros. La estación inferior (*Dub*) se encuentra junto a la carretera Kotor-Budva/Tivat, nada más salir del túnel de Vrmac, y dispone de un bar, cafetería y tienda de recuerdos. La estación superior (*Kuk*) cuenta con un restaurante panorámico, una montaña rusa y un servicio de alquiler de bicicletas eléctricas (reserva

✉ Kavač.
🕐 Abril-octubre: 9-19 h.
🎟 25 € (ida y vuelta).
🖥 www.kotorcablecar.com

con antelación: www.veloexperience.me). La estación se ha concebido como un destino en sí mismo, aunque también sirve para lanzarse a descubrir el parque nacional, particularmente su techo, el pico Štirovnik; algo más arduo resulta el camino hasta el **mausoleo Njegoš** (▶90), que habría de realizarse en buena parte por carretera.

❙ ARCHIPIÉLAGO DE KRTOL   ✳

A mitad de camino entre Tivat y la entrada a la península de Luštica, tras la terminal del aeropuerto, aparece una línea de islotes con historias peculiares. La primera es la **isla de las Flores o istmo de San Miguel** (*Miholjska Prevlaka*), accesible en coche. Alberga las escasas ruinas del monasterio de San Miguel Arcángel, que fue sede del primer obispado de Montenegro. Junto a sus restos se ha construido un nuevo monasterio con un peculiar altar de hormigón que se adentra en el mar. No muy lejos aparece el pequeño templo de la Santísima Trinidad, del siglo XIX, que quiere evocar aquel templo medieval perdido. La segunda y mayor **isla** es la **de San Marcos** (*Sveti Marko*), deshabitada y de propiedad privada. Se ha quedado con su nombre veneciano, pero antes fue la de San Gabriel, y por eso al archipiélago se le llama el de los Arcángeles. Todavía se pueden ver los restos de un resort turístico al estilo Tahití de la década de 1960 que quebró tras las guerras yugoslavas, y que en los próximos años podría convertirse en uno de los espacios más exclusivos de la bahía; se puede llegar a sus costas navegando. Finalmente, el pequeño **islote de la Señora de Nuestra Merced** (*Gospa od Milosti*) alberga con un monasterio franciscano del siglo XVI reformado durante el siglo XVIII en el que no esperan visitas.

▼ Islote de la Señora de Nuestra Merced.

I PENÍNSULA DE LUŠTICA ✶✶

Cerrando la bahía por oriente, el mayor saliente terrestre de las Bocas de Kotor aglutina sus zonas de baño más pintorescas en su quebrado litoral sur, expuesto a los caprichos del Adriático. Es la zona menos tensionada urbanísticamente de la región, de aires relajados, aunque algunas de sus playas son de pago. Presenta un territorio agreste, con monte bajo mediterráneo y algún olivar, sin núcleos urbanos reseñables, y en el que su patrimonio monumental se reduce a un puñado de iglesias y fortalezas austriacas. Por sus carreteras estrechas y retorcidas apenas transitan transportes públicos; una buena opción para descubrir sus tesoros es a través de las embarcaciones que parten desde Herceg Novi.

En un viaje desde el istmo en sentido horario, destacamos la bahía de Traŝte, con algunos de los escasos arenales de la región. El más popular es la **playa de Plavi Horizonti,** ideal para ir con niños porque apenas profundiza. A continuación, el club náutico **Luŝtica Bay Marina** tiene un par de playas de guijarros flanqueándolo, siendo privada la de The Chedi. En la parte occidental de la bahía destacan las playas de **Oblatno,** cuya parte más privilegiada la ocupa privativamente el club Almara, y la de **Velja Spila,** que era la última virgen de la zona pero parece que albergará un nuevo resort. A partir de aquí el terreno obliga a la carretera a separarse de la costa, aunque podremos ir haciendo incursiones por apéndices que se adentran hasta distintas calas. Una de las más accesibles y populares es la **cala de Rt Veslo,** en un pueblecito de pescadores reconvertido en vacacional, donde la estrella es la cala privada del **camping Begovic,** cuyo acceso se puede negociar pagando el aparcamiento. En temporada suele haber un alquiler de kayaks orientado a descubrir la **cueva Azul** (*Plava Ŝpilja*), uno de

Luŝtica-Herceg Novi

Cada una en un extremo de la bahía, Rose y Herceg Novi se encuentra a unos 2 km y 10 min en barco, pero a 65 km y 1.30 h en coche. Si estás en forma y hay buena mar, puedes incluso alquilar un kayak para cruzar la bahía.

• • • • • • • • •

Club Náutico Luŝtica Bay Marina
🌐 www.lusticabay.com

Club Almara
🌐 www.almarabylusticabay.com

▼ Cala de Rt Veslo.

▲ Fortaleza de Mamula. En el centro, vista Aérea de la Fortaleza de Arza.

● ● ● ● ● ● ● ● ●

Pajo Boats (barco-taxi)
✉ Herceg Novi- Žanjic-Mamula-cueva Azul.
☎ +382 69 609 337.
🖪 20 €.
🌐 www.pajoboats.com/en/

● ● ● ● ● ● ● ● ●

🌐 www.mamulaisland.com

los hits de la península, adonde es más fácil llegar en embarcaciones a motor que parten desde los puertos occidentales.

Žanjic   **

Su playa de piedras y arena de unos 500 m, poco profunda y flanqueada por varios restaurantes, es una de las más concurridas de la península. Desde sus embarcaderos se ofertan actividades acuáticas, excursiones por la costa y servicios de línea a Herceg Novi. La costa rocosa de sus alrededores es muy apetecible, particularmente para bucear en un entorno azul zafiro típicamente adriático, donde encontramos varios pecios. La cercana **fortaleza de Arza** es una interesante construcción austrohúngara situada a la entrada de la bahía de Kotor y estratégicamente a alineada con las fortalezas de la isla de Mamula (ver punto siguiente) y con la de la península croata de Prevakla. Desde aquí resulta tentador nadar hasta el islote de Nuestra Señora de Žanjic, pero prohíben el acceso a bañistas. Otros puntos interesantes para quienes se muevan en barco son las calas de **Uvala Dobreč** y **Zlatna Uvala**.

Mamula   *

Este islote de apenas 200 m de diámetro, situado a la entrada de la bahía de Kotor, a medio camino entre las penínsulas de Luštica y Prevakla, es la guinda al pastel de la defensa natural de las Bocas de Kotor. Conocida entre los locales como Lastavica, alberga una interesantísima fortaleza circular construida por el general austrohúngaro Lazar Mamula a mediados del siglo XIX, que se hizo trágicamente famosa en la Segunda Guerra Mundial como campo de concentración del ejército de Mussolini. Tras años de abando-

▲ El encantador pueblo costero de Rose.

no, en la década de 2010 se comenzó a rehabilitar para convertirse en un controvertido hotel de lujo.

Rose ★★

En el extremo occidental de la península, el tortuoso trayecto encuentra premio en este pueblito de pescadores reconvertido en sosegada villa vacacional. Presenta una fachada marítima con viviendas tradicionales de piedra y un malecón se utiliza como zona de baño y solárium, donde hay buenos locales de pescado fresco. De su vieja fortaleza, que también sirvió como aduana, hoy apenas queda un pequeño baluarte que se asoma al mar; su ubicación privilegiada la aprovecha el resort Forte Rose, que es el centro de la actividad. El pueblo tiene un singular atractivo por cómo se mezclan las escenas bucólicas y las decrépitas: flanqueada por dos playas de piedra y arena, junto a la meridional se encuentra un antiguo **bunker para submarinos** de la armada de Yugoslavia de la década de 1970; junto a la septentrional, podemos nadar hasta un barco semihundido. Los amantes de la arquitectura bélica disfrutarán la visita a la cercana **fortaleza de Kabala,** austrohúngara de finales de siglo XIX, diseñada como segunda línea de defensa para la entrada a la bahía de Kotor, con espacio para cuatro cañones y una importante guarnición.

Para cerrar el círculo habría que volver a Klinci y regresar por el norte hacia Krašići por una carretera más amable que ofrece bonitas vistas de la bahía. En la costa norte de la península hay otros dos búnkeres submarinos que se podrían visitar desde Rose, aunque resulta más cómodo abordarlos en barco o kayak desde el puerto del restort Portonovi, al otro lado de la bahía pero muy próximo.

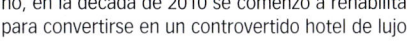

Loro boats
- ✉ Herceg Novi-Rose.
- 🕐 Salidas cada 2 h (en temporada).
- 💶 5 €.

La **esencia** de la **Costa Sur**

El litoral se va suavizando a medida que nos acercamos a Albania. Aparecen playas de guijarros y arena frente a las que se construyen los grandes hoteles y las noches de verano son más animadas. Budva es su destino más cotizado, aunque los mayores arenales están en el más destartalado extremo sur, que paradójicamente se encuentra menos masificado, tiene precios más asequibles y disfruta de un ambiente más distendido. Entre medias vamos a encontrar encantadores cascos medievales amurallados, como los del Viejo Bar o Ulcinj, que nos hablan del choque entre la Europa cristiana y la musulmana.

I BUDVA VIEJA (▶26) ★★★

Ciudadela vieja ★★

Al sur del casco viejo, en la parte que más se asoma al mar, también es conocida como el castillo de Santa María debido a un templo extinto con el que arramplaron los austriacos tras su conquista a inicios del siglo XIX. Sus cimientos todavía son visibles en el patio, que sirve de mirador y de escenario para el festival estival *Grad Teatar*. La primera mención de la fortaleza data del año 1425, previa a la conquista veneciana, pero probablemente existiera siglos atrás. Se accede a través de un edificio que alberga un pequeño "museo marítimo", mientras que su bastión más privilegiado lo ocupa un restaurante, ya que el monumento es propiedad privada.

Muralla de Budva ★

El casco viejo de Budva preserva la muralla que lo rodea completamente, por lo que recibe el sobrenombre de "la pequeña Dubrovnik". Su parte más antigua data del siglo IV, cuando se levantó la muralla de un monasterio benedictino que terminaría evolucionando en la actual iglesia de Santa María en la Punta. Fueron los venecianos quienes terminaron de cerrar y perfeccionar el círculo, añadiendo piezas como la imponente torre Gradenigo del siglo XV, en el extremo noroccidental, donde todavía podemos ver el León Alado. Se puede recorrer casi todo su perímetro en altura, excepto desgraciadamente su parte más pintoresca, la sur. En teoría debería haber dos accesos abiertos, uno junto a la ciudadela, tras la **iglesia de San Iván,** y otro junto a la entrada principal occidental, aunque a veces solo funciona el primero.

🕓 Verano: 9-24 h.
Invierno: 9-17 h.
💰 5 €.

> **¿Sabías que...?**
> El mito del origen de Budva está relacionado con Cadmo, hermano de Europa, que mató al dragón que custodiaba la fuente de Ares, por lo que después fue convertido en serpiente. Es por eso que son habituales las figuras de serpientes-dragón por la ciudad.

Muralla de Budva
🕓 Solo en verano: 8-20 h.
💰 3 €.

◀ Panorámica de la parte antigua y nueva de la ciudad de Budva.

▼ Detalles de las murallas fortificadas del casco antiguo de Budva.

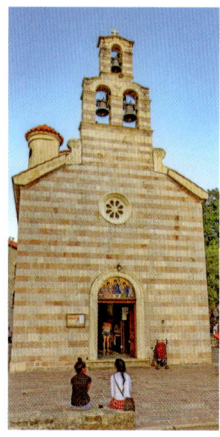

▲ Iglesia de la Santísima Trinidad.

Iglesia de la Santísima Trinidad
(Crkva Svete Trojice)
✉ Trg Starogradskih Crkava.
🕐 8-20 h.

Iglesia de San Juan Bautista
(Crkva Svetog Ivana)
🕐 Misas a las 10 h.

▼ Iglesia de San Juan Bautista.

Iglesia de la Santísima Trinidad ✳

La más nueva de las iglesias de la vieja Budva data inicios del siglo XIX cuando, tras el colapso de la República de Venecia, cuando el gobierno austriaco permitió la construcción de un templo ortodoxo. Es, en cualquier caso, un templo arcaizante con una característica fachada a base de franjas de piedra color rosa y miel, a imagen del cercano **monasterio de Podostrog** (▶67), y con unos interiores repletos de murales ejecutados por pintores griegos, por lo general posteriores al terremoto de 1979, pero con un interesante iconostasio de época.

Iglesia de San Juan Bautista ✳

El mayor templo de la vieja Budva es este templo católico que ejerció de catedral de la diócesis montenegrina hasta que esta se trasladó a San Trifón (Kotor) en 1828. Sobre los cimientos de un templo del siglo VII, su actual aspecto responde a una reconstrucción del siglo XV y su campanario es un añadido de 1867, ya en época austriaca. Esta basílica de tres naves con detalles góticos en sus fachadas es más interesante por su continente que por su contenido, en cuyo austero interior apenas se conserva el venerado icono de Nuestra Señora de Budva (*Budvanska Bogorodica* o *Madonna in Punta*), quizá del siglo XIII o XIV; el retablo del bautista es un mosaico de 1960 del croata Ivo Dulčić. Anexas por el sur se pueden ver las ruinas del viejo palacio del obispo y, frente a la iglesia, los restos de unos baños romanos.

COSTA SUR

Podgorica

M-18

M-2.3

E762

Tuzi

E762

E65

Parque Nacional Lovćen

Mausoleo de Njegoš

P15

P1

Cetiña

M-2.3

Bukovik

Sotonići

Karuč

Gornje Malo Blato

A

M-2.3

Novoselje

Obzovica

M-2.3

M-2.3

Budva

Pržno

M-2

San Esteban

E65

M-2

Vranjina

M-2

Virpazar

E65

Godinje

P16

Lago Skadar

Isla de San Nicolás

Petrovac

E80

Marstijepovići

B

Ðuravci

Čanj

M-2.4

Sutomore

Gornja Briska

P16

E851

Bar

Stari Bar

Tejani

Mirador de Stegvaš

Mirovica

P16

Dubrava

Круте

Ulcinj

Yтjеха

E851

M-2.4

M a r   A d r i á t i c o

Ulcinj

Isla de Bojana

C

D

7 km

1   2

• • • • • • • • •

Museo de Budva
- ✉ Petra I Petrovića, 11.
- 🕐 M-V: 8-21 h; sa-do, 14-21 h.
- 💶 3 €.
- 🌐 www.muzejiigalerijebd.me

Galería Moderna
- ✉ Cara Dušan, 19.
- 🕐 M-V: 8-14 h y 17-21 h; sa-do, 17-21 h.
- 💶 Gratis.

Casa memorial
- ✉ Cara Dušana, 13.
- 🕐 M-V: 8-20 h; sa-do, 17-21 h.
- 💶 Gratis.

▼ Museo de Budva.

Museo de Budva ⭐⭐

Probablemente no se alcance a asimilar la trascendencia histórica de Budva hasta que no se pongan los pies en este **museo** ubicado en una vivienda de principios del siglo XIX con cuatro alturas. Alberga una fascinante colección arqueológica con piezas como un casco ilirio del siglo VI a.C., orfebrería en oro de época helenística (entre la que destaca un broche de un águila con un niño entre sus garras que representaría el rapto de gamínides), ánforas y capiteles de época romana… Parte de su patrimonio proviene de los descubrimientos derivados de la construcción del hotel Avala (1936-1938), así como de los trabajos de recuperación posteriores al terremoto de 1979, momento en que se descubrió la necrópolis greco-romana. En la planta baja del museo hay una muestra fotográfica sobre las consecuencias del seísmo, y en la planta superior, una exposición etnográfica con trajes regionales, instrumentos musicales, útiles profesionales y artes decorativas de entre los siglos XVI a XIX. La institución *Muzeji i Galerie Budve* cuenta con otras dos salas expositivas en el casco viejo: la **galería Moderna**, con piezas de artistas expresionistas de la antigua Yugoslavia, así como la **casa memorial** del político y escritor local **Stefan Mitrov Ljubiša**, que luchó desde su escaño en Viena por la preservación de la cultura montenegrina.

▮ BUDVA NUEVA ✳

El destino estival por excelencia de Montenegro (particularmente para el público ruso) ocupa una de sus bahías más privilegiadas, con un arenal de piedra fina de 1,5 km de longitud al abrigo de unas imponentes montañas que sobrepasan los 1.300 m de altitud. Estropea el paisaje un bosque de torres de apartamentos y hoteles, y el ruidoso e incesante trasiego de embarcaciones que van y vienen de la isla de San Nicolás, una jungla en la que conviven los casinos, yates y villas de súper lujo, con los botes a pedales y los apartamentos de ganga. El éxito de esta ubicación, junto a las localidades aledañas, se basa en una de las colecciones de playas más privilegiadas del Adriático, entrelazadas por cabos con calas encantadoras, cuevas e islotes que hacen las delicias de kayakistas y buceadores, con aguas límpidas y cálidas.

Isla de San Nicolás ✳✳

Un kilómetro mar adentro desde la playa de Budva se levanta el espectacular islote de Sveti Nikola, con cerca de 2 km de longitud. En su extremo septentrional hay una retorcida playa con casi 1 km de litoral, mientras que en la parte meridional se levanta un acantilado de 121 metros de altura con vistas espectaculares al anfiteatro de Budva. Empresas como Magic Stars ofrecen transportes de línea con salidas cada 30 minutos que se dirigen a *Hawai*, el nombre de la gran playa en la que se encuentra el pequeño templo del siglo xvi que da nombre a la isla. Buena parte de esta zona está privatizada y se exige el pago de una entrada para disfrutar de la playa. La parte más singular de la isla es, sin embargo, casi todo el

▲ Vista aérea de la isla de San Nicolás (Sveti Nikola).

● ● ● ● ● ● ● ● ●

Puerto deportivo
🔗 www.dukleymarina.com

¿Sabías que...?

La llamada Budva Riviera es un área de 35 km entre Budva y Petrovac que suma un total de 21 km de playas y ofrece numerosos atractivos patrimoniales, particularmente monasterios. Más información en: www.budva.travel

● ● ● ● ● ● ● ● ●

Magic Stars
✉ Embarcadero de Plaža Greco.
📞 +382 67 552 229.
🚌 Budva-Hawai: 6 € (10 min).
Budva-Jaz: 8 € (20 min).
Budva-Sveti Stevan-Hawai: 10 € (60 min).

Bus de línea interurbano

✉ Inicio de rutas: Mediteranska 5.

🚌 Destinos: Jaz, Bečići, Sveti Stefan, Petrovac Horarios en temporada: 6-1.30 h.

restante perímetro, donde se concatenan los acantilados con pequeñas calas como la de Laguna. Para descubrir estos rincones habría que alquilar una embarcación privada o apuntarse a actividades náuticas de alguna empresa de turismo de aventura.

Playas en torno a Budva ✱

Las playas de Budva no están mal, pero las hay mucho mejores más allá de la bahía, si bien ninguna será tranquila. La pareja de **playas de Mogren**, a los pies de los acantilados del cabo homónimo, quizá son las más bellas del entorno, conectadas por un arco de roca. Se accede a pie desde el casco viejo por un estrecho paseo marítimo que sale del hotel Avala, y que los días de oleaje puede ser peligroso. Conduciendo hacia oriente (hay autobuses) aparece la vecina **playa de Bečići**, que con sus 2 km de longitud y 50 m de ancho, es una de las más perfectas del país, ya que además su fondo no se hunde repentinamente y permite unos metros de juego. Frente al arenal están algunos de los hoteles grandes hoteles de Budva, un parque acuático y su famoso casino. El extremo oriental de esta playa, en una zona conocida como Rafailovići, hay un túnel peatonal que atraviesa el cabo y conecta con la **playa de Kamenovo**, de menor tamaño, pero con el encanto de no tener construcciones sobre ella. En sentido opuesto, camino a Tivat (hay buses), la más distante **playa de Jaz** es otro de los grandes destinos del entorno. Por ahora se ha librado de la construcción de grandes hoteles en su entorno, si bien no se libra de las masificaciones.

Atardecer en la bahía de Budva

La vieja Buda se orienta hacia el amanecer, así que para disfrutar de una bella puesta de sol conviene poner rumbo a oriente. Para tocar la gloria, habría que buscar un punto en que se alinee la caída del sol con la isla de San Nicolás y la península de San Esteban. La iglesia de San Sava o el paraje de Crvena Stijena podrían servir de referencia.

Monasterios y fortalezas
en la bahía de Budva

Ascendiendo por las laderas que rodean la bahía
aparece una multitud de fortalezas y monasterios
que, además de un destino en sí mismo, son miradores de excepción. Conducir por la carretera M2.3
entre Cetiña y Budva ya constituye toda una experiencia panorámica. De hecho, a la altura de Brajići,
se instala una tirolina en verano.

El destino más asequible es el **monasterio de
Podmaine o Podostrog**, apenas sobre el casco urbano de la nueva Budva. Su iglesia de Nuestra Señora asienta sus raíces en el siglo XV, mientras que la
de San Pedro es del siglo XVIII, con un universo de
frescos recuperados en una rehabilitación de principios de siglo XXI, en la que se añadieron piezas tan
polémicas como una imagen de Tito condenado en
el Juicio Final, junto a los que parecen ser miembros
de la Iglesia Ortodoxa Montenegrina (no reconocida).
Una opción más ambiciosa es la **fortaleza Kosmač**,
austriaca de 1840, situada a unos 800 m sobre el
nivel del mar, que fue utilizada en ambas guerras
mundiales por su ubicación y alcance estratégico,
y hoy se encuentra en ruinas.

La llegada a Budva desde Kotor por la M1 también es toda una experiencia visual. Nada más salir
del túnel que salva el cabo occidental de la bahía,

▲ Monasterio ortodoxo de
Podmaine, a los pies del
monte Ostrog.

Banovina de Zeta

Fue una de las provincias
del Reino de Yugoslavia
(1929-1941) que, con ca-
pital en Cetiña, aglutinaba
todas las regiones de la
actual Montenegro además
de algunas partes adyacen-
tes de Croacia, Bosnia, Serbia y Kosovo. La familia real
construyó su palacio de
verano en Miločer en 1935,
catapultando el desarrollo
de la bahía de Budva como
destino turístico.

aparece un camino a la derecha (ojo, cruce peligroso especialmente en sentido Budva-Kotor) que nos lleva hasta la **fortaleza Mogren**, otra fortaleza austrohúngara en ruinas, en este caso de 1860, sobre la que hay planes de rehabilitación para nuevos usos. En sentido opuesto, viajando hacia Kotor/Tivat, valdría la pena hacer una parada en el **monasterio de Podlastva**, cuya iglesia alberga unos valiosos frescos de los siglos XV a XVII.

Península de San Esteban y alrededores   **

Esta deliciosa y diminuta península de istmo artificial constituye una de las postales más famosas de Montenegro, a la vez que encarna una de las caras más oscuras de su industria turística. En la década de 1950, el gobierno de Tito expulsó a sus últimos habitantes para convertir este casco medieval en un lujoso y singular hotel por el que han pasado figuras como Marilyn Monroe, Sophia Loren o Kirk Douglas. Tras una profunda rehabilitación, el complejo reabrió en 2009 con un contrato de explotación de 30 años a la empresa Aman, que ofrece suites en las casas particulares que comercializa en circuitos cerrados al común de los mortales. Así, sus encantadoras callejuelas, su iglesia de San Esteban o la de Alexander Nevsky, son cosas que solo se pueden disfrutar a través de Google Maps.

· · · · · · · · ·
Península de San Esteban
 www.aman.com
 Acceso solo para huéspedes.

Al norte de San Esteban, una pareja de playas de piedra fina son de las mejores del país. La primera es la **playa del Rey** *(Kraljeva plaža),* donde se encuentra el palacio Miločer de 1935, la antigua residencia de verano de la reina María de Rumanía, consorte de Alejandro I de Yugoslavia. Tiene un jardín exquisito con cedros del Líbano, mimosas tropicales o madreselvas japonesas, así como excelentes vistas a la isla. Hoy es un alojamiento turístico de lujo asociado a San Esteban en el que Novak Djoković celebró su boda. La segunda es la **playa de la Reina** *(Kraljicina plaža),* donde contradictoriamente se encuentra la residencia de verano del rey Nicolás I, por ahora cerrada a visitas.

Sobre ambas playas podemos visitar el **monasterio de Praskavica**, con la iglesia de San Nicolás, originalmente del siglo xv pero restaurada en el xix, además de la iglesia secundaria de la Santísima Trinidad. La carretera que sube desde este hasta el **monasterio de Rustovo** ofrece, a medio camino, un mirador excepcional a la península de San Esteban; y allá arriba, las monjas venden artesanías y curiosos productos caseros en su coqueto convento. Pero si buscamos la mejor vista de San Esteban, habrá que viajar hasta la **iglesia de San Sava**. Finalmente, viajando por la costa hacia el sur, es interesante el paraje natural de **Crvena Stijena**, un acantilado relativamente accesible, o las calas de Crvena Stijena Glavica.

▼ Península de San Esteban *(Sveti Stefan).*

▮ PETROVAC ★★

Esta ciudad-resort presume de una playa de arena y guijarros de algo más de medio kilómetro con buena protección natural y fama de un ambiente más tranquilo que destinos como Budva o Sutomore. Frente a esta emerge una pareja de islotes, el de **Katič** y de **Sveta Neđelja**; son un destino popular para la práctica del buceo. En el saliente occidental de la bahía, destaca el **castillo de Kastio**, construido por los venecianos en el siglo xvi para evitar los ataques de los corsarios otomanos. Se puede acceder a su baluarte avanzado para disfrutar de unas excelentes vistas, previo paso por el viejo hospital de Lazaret, que servía a la fortaleza, y que hoy se utiliza como restaurante panorámico y club nocturno.

▼ Castillo de Kastio.

Mosaicos
✉ Mirište.
🕐 L-V: 10-14 h.

Comuna Roja
✉ Obala, 111.
🕐 M-V: 8-20 h; S-D: 10-14 h.
🌐 www.muzejiigalerijebd.me

Petrovac presenta un casco urbano sin demasiados encantos donde la joya patrimonial son los **mosaicos** (*Rimski mozaici*) de una villa romana del siglo iv, que en sus casi 40 m² conjugan elementos artísticos de la Antigüedad tardía con otros propios de los movimientos paleocristianos, y cuyas teselas proceden de distintos rincones del Adriático. Se encuentran protegidos por una nave acristalada de horarios de apertura erráticos, que a duras penas permite atisbarlos desde el exterior. También cabe destacar la **Comuna Roja** (*Crvena komuna*), el edificio que recuerda que Petrovac se convirtió, en 1920, en la primera localidad comunista del Adriático, y que hoy sirve como centro expositivo con una sala dedicada a la historia local y otras a exposiciones de pintura moderna.

Desde el castillo de Kastio parte un paseo panorámico sobre el acantilado que, a un kilómetro, se introduce en una serie de túneles que atraviesan el cabo para desembocar en la playa de Perazića Do, ya en la localidad de Katun Reževići. En ella se erige el **monasterio ortodoxo de Reževići**, cuya iglesia más antigua, la del Tránsito de la Virgen, podría haberla promovido Esteban I Nemanjić, primer rey de Serbia, allá por el siglo XIII. A su lado se encuentra la iglesia de San Esteban, del siglo XVI. Saqueadas y reconstruidas en varias ocasiones, conservan restos de frescos del XVII y XVIII. Entre finales del XVIII y comienzos del XIX se erigió la tercera y mayor iglesia del complejo, la de la Santísima Trinidad.

▲ Monasterio ortodoxo de Reževići.

De vuelta a Petrovac, si tomamos la carretera litoral en dirección Sutomore, a unos 2 km a la izquierda vale la pena un desvío para ascender por una empinadísima carretera hasta el **monasterio de Gradište**, donde también encontramos un complejo panorámico de con tres templos. Su iglesia de San Nicolás podría datar del siglo XII, si bien fue reconstruida a principios del siglo XVII, y alberga un interesantísimo universo de frescos de 1620, conservados parcialmente a pesar del severo castigo que sufrió el templo con el terremoto de 1979. Es coetánea la vecina y menor iglesia de la Asunción de la Virgen, también con una decoración reseñable, mientras que la de San Sava data del siglo XIX.

▲ Playa de Kraljicina.

· · · · · · · · · ·

✉ Sutomore.
⏰ 24 h.
🎫 Gratis.

▼ Vista de la Fortaleza de Tabija y de la ciudad de Sutomore.

I ČANJ   *

Un tanto apartada de la carretera general, esta pequeña localidad tiene cierto encanto en su pequeña bahía rodeada por bosques. No hay nada reseñable en su casco urbano que crece peligrosamente. Su principal activo natural no está en la propia localidad, sino en la cala anexa por occidente: la **playa de Kraljičina** o playa de la reina (no confundir con la playa homónima de San Esteban), un encantador arenal de unos 200 m rodeado de bosque y tan solo accesible a pie o en barco, lo que no evita que se llene en verano.

I FORTALEZA HAJ NEHAJ   **

Hay múltiples teorías sobre el origen del nombre tan musical de esta fortificación. Algunas apuntan a que se traduciría como "Fortaleza Preocúpate-no-te-preocupes", en referencia a que es fácilmente accesible por su lado occidental, pero prácticamente inexpugnable por el oriental debido a sus paredes de roca. Tiene una ubicación privilegiada sobre un promontorio rocoso que domina las bahías de Sutomore y Čanj, a unos 230 m sobre el nivel del mar. Se considera uno de los asentamientos permanentes más antiguos del país, ya que por sus laderas se han encontrado vestigios ilirios, romanos o bizantinos. Se trata de una construcción de planta anárquica que aprovecha con ingenio la orografía, cuya construcción actual sienta sus bases sobre una fortaleza veneciana del siglo xv construida para defenderse de los ataques otomanos. Los turcos finalmente

La Albania veneciana

Fue una región dependiente de la República de Venecia nacida en 1420 que se extendía originalmente entre la bahía de Kotor y las proximidades de Tirana, en un territorio arrebatado en parte al principado serbio-montenegrino de Zeta tras las llamadas guerras de Escútari (Shköder). Posteriormente, Venecia fue perdiendo terreno en favor del Imperio Otomano, que en 1571, tomó Bar y Ulcjni, localidades que Montenegro no recuperaría hasta 1878. La Albania veneciana se extinguiría en 1797 con las campañas italianas de Napoleón. En abril de 1941, el ejército italiano de Mussolini invadió Montenegro, creando la efímera Provincia di Cattaro en los territorios de la histórica Albania Veneciana.

la ocuparon en 1571, hasta que se marcharon en 1877, intervalo en el que hicieron sus añadidos y ampliaciones. Por sus ruinas encontramos elementos como la iglesia de San Demetrio, que podría datar del siglo XIII y que las leyendas relacionan con la figura del rey serbio Esteban Milutin. La fortaleza es fácilmente visible desde la carretera M2.4 que discurre en paralelo a la costa, pero no es tan fácil alcanzarla: hay que subir a pie por un sendero estrecho y escarpado de aproximadamente 1 km que acumula unos 170 m de desnivel positivo, y que parte desde el extremo suroriental de la colina, en las proximidades de la calle Mirošica 2 (en Google Maps aparece señalizado como *Haj Nehaj hiking trail*). Se aconseja precaución ya que las ruinas no están adaptadas para visitas.

▌ SUTOMORE   ✴

Esta localidad insulsa ha sido tradicionalmente un destino más asequible y populoso que Budva. A su favor juega una estrecha playa de arena y guijarros de 2 km en el centro de la bahía, la accesibilidad que proporciona la estación de tren de la línea Bar-Belgrado, y un par de monumentos reseñables en los alrededores. Al oeste de la localidad, caminando por los acantilados de roca rojiza, podemos descubrir las ruinas de la **fortaleza de Tabija,** una construcción otomana de 1862 erigida como pieza de una línea fronteriza en la que también se integró el viejo fuerte de Haj Nehaj. Y si seguimos avanzando hacia occidente, a pie o por carretera, podemos alcanzar calas de guijarros con bastante encanto, rodeadas de bosque, como las de Štrbina o **Maljevik**, en las que hay servicio de hamacas y sombrillas. En el otro extremo de la bahía, en su cabo sureste y a medio camino entre Sutomore y Bar, podemos des-

¿Sabías que...?

El tabernario topónimo "Bar" parece provenir de la abreviatura *antibarium,* un vocablo latino que se refería a esta ciudad como "la que está frente a Bari".

• • • • • • • • • •

Museo regional
✉ Šetalište Kralja Nikole, 1.
🕐 9-14 h y 18-20 h.
💲 2 €.

▼ Los frescos de la catedral de Jovan Vladimir son verdaderamente vibrantes y cautivadores al igual que su exterior.

cubrir las ruinas de la **abadía de Ratac**, un complejo monástico fortificado, originalmente católico, que sirvió de centro de poder en la zona, y cuyas raíces podrían ser anteriores al siglo XI. Se componía de varios templos y edificios, incluyendo un hospital, aunque a día de hoy apenas destacan las ruinas de la iglesia principal. A los pies de las ruinas hay varias calas de roca nudistas con bastante encanto.

❚ BAR　　　　　　　　　　　　　　　　　＊

La quinta ciudad de Montenegro alberga su puerto comercial más importante. Se trata de un núcleo de transportes clave conectado con Podgorica y Belgrado a través de una línea ferroviaria, y de una autopista que se está construyendo en paralelo. Apenas supera el siglo de historia, ya que la construcción de su puerto comenzó en 1906 y la ciudad no se desarrolló como tal hasta después de la Segunda Guerra Mundial. Sí existía un asentamiento ancestral, situado 4 km tierra adentro, al que le ha robado el nombre y que hoy se ha visto forzado a rebautizarse como la **Vieja Bar** *(Stari Bar),* una ciudad amurallada cuyos habitantes, pasadas las épocas de turbulentas guerras, encontraron en la bahía un espacio más placentero para su desarrollo.

La nueva Bar no presenta grandes encantos más allá de su funcionalidad. Sí puede merecer la pena acercarse al **palacio del Rey Nicolás**, una elegante villa clasicista construida en 1885 como residencia de verano de los Petrović Njegoš, y que hoy sirve de centro cultural y **museo regional** (*Zavičajni muzej Bar*) con departamentos de arqueología, etnografía, historia natural… Tiene unos jardines interesantes en cuyo antiguo invernadero se ha instalado un buen restaurante. Junto al palacio se erige la inmensa **catedral de Jovan Vladimir**, ortodoxa, concluida en 2016, cuyas cúpulas doradas se aprecian a kilóme-

tros de distancia. Su interior alberga un universo de frescos que cubren 5.000 m^2 de muros y bóvedas, en un depurado estilo arcaizante que te transporta a los viejos templos bizantinos. La construcción de un templo tan imponente en una localidad no tan grande cabría interpretarse como la "respuesta" de la comunidad ortodoxa a la construcción, en 2012, de la gran **mezquita Selimija**, una de las mayores de los Balcanes, que se encuentra en Gornja Čeluga, de camino a la vieja Bar. Entre ambas, aparece la también gran concatedral católica de San Pedro Apóstol, de 2017, que concluye el tríptico de competición sacra en este municipio que presume de la convivencia de sus tres confesiones.

I LA VIEJA BAR (▶30)   **★★★**

Ciudad amurallada   **★★★**
A 150 m sobre el nivel del mar, encaramado a un macizo rocoso, este museo al aire libre alberga restos de unos 600 edificios, entre públicos y privados, militares y religiosos. La mayoría está en ruinas y la vegetación se ha apoderado de buena parte de su superficie, infundiéndole un aspecto romántico, como de jardín inglés. Sus primeros habitantes fueron ilirios de entre los siglos VIII y V a.C., sin embargo, el estado semiruinoso no se debe a su antigüedad, sino a múltiples motivos: a la batalla de 1878 en la que los montenegrinos arrebataron la ciudad a los otomanos, a su posterior abandono, a la explosión de un polvorín en 1912, así como al devastador terremoto de 1979, momento a partir del cual se han restaurado y reconstruido numerosas edificaciones.

Frente a su puerta principal (*Ulazna kapija*), extramuros, se erige la **mezquita Omerbašić**, una sencilla construcción de 1662 que forma pareja con el mausoleo del derviche Hasán. Son exponentes

Verano: 8-21 h.
Invierno: 8-17 h.
3 €.
www.starigradbar.com/en/

▼ La vieja Bar (Stari Bar) es una de las ciudades medievales más impresionantes de los Balcanes.

del barrio que se desarrolló con la llegada de los otomanos en 1571. Hasta entonces, los venecianos habían tenido el control de esta plaza desde inicios del siglo XV, tal como evidencia el escudo con el león de San Marcos que hay sobre el acceso. El véneto fue el periodo de máximo esplendor del recinto, cuando llegaron a vivir en él cerca de cuatro mil personas y se completó el anillo amurallado exterior. Previamente, Bar había sido un dominio de diversos Estados medievales serbo-montenegrinos, que a su vez habían conquistado a los bizantinos en el siglo XI.

Nada más cruzar la puerta del león alado, merece la pena visitar el edificio de la **aduana** (*Carinarnica*) del siglo XV, con un pequeño centro de interpretación que ayuda a planificar la visita. El texto que sigue traza un círculo en sentido horario, próximo a la muralla. Así, en primer lugar aparecen las ruinas del **monasterio franciscano de San Nicolás**, del siglo XIII, con los maltrechos frescos de San Marcos y San Nicolás. En su momento, el templo se construyó extramuros de la primera muralla bizantina, tal como atestigua la vecina **puerta interior** (*Gradska Kapija*), erigida en el siglo XI aunque con elementos que podrían remontarse al siglo VIII. Junto al monasterio aparece el renovado **polvorín** (*Barutana*) otomano del siglo XVIII, que alberga un *lapidarium* con una amalgama de piezas recuperadas de la ciudad amurallada. Los explosivos que almacenaba provocaron, en 1912, una tremenda detonación que acabó, entre otras cosas, con el monasterio de San Nicolás, que había funcionado como mezquita hasta entonces.

En la esquina nororiental de la muralla se encuentra la **ciudadela bizantina** (*Tatarovica*), que ocupa el punto más elevado y con mejores vistas. Sus elementos más antiguos son del siglo X, aunque fue perfeccionándose hasta la época otomana, siempre con usos militares. Desde aquí se alcanza a ver el único **acueducto** de Montenegro, construido por los otomanos en los albores del siglo XVII, aunque tuvo que ser reconstruido tras el terremoto de 1979. Todavía suministra agua a la vieja Bar. De vuelta a San Nicolás, poniendo rumbo sur entraríamos en la parte mejor conservada del complejo. A mano izquierda aparece la arcaizante **iglesia de San Juan,** ortodoxa, de 1927, pero sobre la base de una que dataría del siglo XIII. Tras esta aparece un elegante **palacio veneciano** (*Palata*) de los siglos XV y XVI que, en el momento de redactar este texto, albergaba un taller creativo, aunque cabría esperar

▲ El olivo viejo de Mirovica es famoso por ser uno de los olivos más antiguos del mundo.

•••••••••

Viejo olivo
🕐 Verano: 8-21 h.
Invierno: 8-18 h.
🎟 Tomba: 1 €.

futuros usos expositivos para él. Antes de continuar el circuito, vale la pena adentrarse hasta el mismo corazón de la ciudad amurallada para conocer los **baños turcos** (*Hamam*) del siglo XVIII, donde se puede apreciar los sistemas de conducción de agua, ventilación e iluminación.

Retomando el círculo perimetral, al sur del palacio veneciano aparece la **iglesia de Santa Veranda**, con elementos estructurales del siglo XIV y otros decorativos de un incipiente Renacimiento, aunque desangelada tras ser un granero otomano. Avanzando hacia la esquina suroriental de la muralla entramos en un terreno ruinoso donde apenas se aprecian cimientos de viejas edificaciones, que serían las más antiguas del complejo. Las excavaciones concluyeron que aquí se erigía la catedral de San Jorge, del siglo XI, donde según la leyenda local, el príncipe Mihailo Vojislavljević fue coronado como "rey de los eslavos". Si continuamos hacia occidente, aparece la pequeña **iglesia de Santa Catalina**, del siglo XIV, anexa a una de las puertas de la vieja muralla bizantina, y un poco más allá, la **torre del reloj** (*Sat Kula*), otomana, de 1753, aunque construida sobre una torre de vigilancia de época véneta.

En la esquina occidental de la muralla encontramos una batería de monumentos que pone el broche de oro a la visita justo antes de cerrar el círculo. En primer lugar aparecen las ruinas del **palacio de la Princesa** (*Kneževa palata*), de inicios del siglo XV, uno de las residencias nobles más reseñables de la ciudad fortificada, justo antes del **palacio Arzobispal**, de época veneciana, donde se ha reubicado el museo arqueológico que recoge buena parte del material hallado en las excavaciones de la vieja Bar. A su lado se encuentra el **bastión Gavadola**, una torre defensiva circular veneciana de inicios del siglo XVI, sustentada parcialmente por la evocadora **capilla de San Hilarión**, construida entre los siglos XII y XIII.

❘ MIROVICA ✱
El árbol nacional de Montenegro se estima que suma 2.250 años de antigüedad, lo que convertiría a este olivo en el más antiguo del Viejo Continente. Conocido también como *stara maslina* ("viejo olivo"), el nombre de Mirovica proviene de la palabra eslava *mir*, que significa "paz", en referencia a que era el lugar al que venían las familias y clanes a resolver sus conflictos. La tradición dicta dar tres vueltas a su tronco en busca de salud, suerte y amor, tras lo

cual habría que pedir un deseo. Con la cosecha temprana de este árbol milenario suele dar comienzo el festival *Maslinjada*, que rinde tributo a la cultura de la aceituna y al folclore local.

▲ Cañón del río Vruća, conocido como "río Caliente".

I BARRANCOS EN TORNO A BAR ✷✷

La vieja Bar se sitúa a los pies del monte Rumija, que con sus 1.594 m, corona la barrera natural que separa el mar Adriático del lago Skadar. Por sus escarpadas laderas crece un interesante bosque mediterráneo y se ocultan cañones con saltos de agua y pozas de cuento. Por eso es un destino muy cotizado para barranquistas en un país que, ya de por sí, es referente internacional en la práctica de este deporte. Tiene la ventaja, frente a los que hay en el norte, de ofrecer temperaturas más amables. Muy cerca de Bar destaca el **cañón del Vruća** (el "río Caliente"), cuyo descenso suele arrancar en la localidad de Veliki Mikulići y terminar prácticamente en los muros de Stari Bar, tras 6 km que se completan en 6 u 8 h; solo está recomendado para un público con preparación física y algo de experiencia. Algo más sencillo pero igualmente adrenalínico es el **cañón del Međuriječ,** que se completa en unas 5 h. Quienes quieran disfrutar de algún salto de agua sin complicaciones y casi accesible en coche, se pueden acercar a la preciosa poza de Turčini.

▲ Vista de Ulcinj.

Información turística
🌐 ulcinj.travel/en/

Museo municipal
☎ +382 30 421 419.
🕐 8-20 h.
🎫 3 €.

❙ ULCINJ ******

Puerto histórico de piratas, la última localidad de entidad antes de la frontera con Albania es uno de los grandes hitos turísticos del país debido a la amplitud de sus playas de arena y a su encantador casco viejo amurallado, situado en una pequeña península que abraza la bahía. Este asentamiento data de época iliria, y algunos de los elementos de su fortificación podrían tener cerca de 2.500 años de historia.

A nivel monumental, la zona norte es la más interesante, donde los vestigios más antiguos de la ciudadela se preservan dentro del área del museo municipal. En su interior podemos apreciar la **torre Balšić**, construida en el siglo XIV cuando gobernaban la ciudad los serbios, y que alberga una pequeña galería de arte; junto a esta aparece el palacio del gobernador veneciano del siglo XV, así como el **Museo municipal** (Gradski muzej), que ocupa lo que originalmente fue la iglesia de Santa María. Esta fue construida por los vénetos en torno a 1510, pero luego los otomanos la convirtieron en mezquita tras su conquista de 1571, y en ella encontramos una escueta muestra arqueológico-etnográfica. Ambos monumentos se disponen en torno a la **plaza de los Esclavos**, donde durante el siglo XVII se celebraba el famoso mercado local de prisioneros capturados por los piratas locales.

El resto del recinto amurallado es un encantador casco viejo de corte otomano con callejuelas que van a dar a la muralla y a plazas panorámicas asomadas al Adriático, y por donde encontramos multitud de referencias a Cervantes, ya que la leyenda cuenta que este fue capturado por corsarios otomanos y encarcelado en la ciudad. Buena parte de los edificios son de nueva construcción, pero respetan el estilo tradicional, con muros de piedra, tejados a cuatro aguas y contraventanas, además del caótico entramado original, creando uno de los conjuntos con más empaque de la costa.

La bahía que defiende la ciudadela cuenta con una playa de arena (Mala plaža) muy cotizada. Tras ella se levanta la ciudad nueva, con una gran densidad de minaretes en el horizonte, ya que estamos en una localidad de mayoría musulmana en la que habitualmente se habla y se rotula en albanés, una circunstancia que se agudizó a raíz de la guerra de Kosovo, cuando se convirtió en destino de refugiados.

Son famosos los arenales de Ulcinj, pero también vale mucho la pena la concatenación de calas de roca preparadas para el baño que encontramos por la parte oriental de la ciudad. Caminando por Steva Đakonovića Čiče en dirección al hotel Albatros, podemos acercarnos a lugares como la famosa **playa de las Mujeres** *(Ženska plaža),* donde una serie de manantiales de aguas termales sulfurosas atraen tanto a turistas como a distintas especies marinas. Otro destino interesante para ornitólogos son las **salinas**, incluidas en la lista Ramsar de humedales de importancia internacional

Gran playa de Ulcinj e isla de Bojana ✶✶
Entre Ulcinj y la frontera con Albania se encuentra El Dorado estival montenegrino: una gran playa de arena de 12 km de longitud que mantiene cierto aspecto de virginidad, libre de grandes resorts, en la que se conservan zonas de bosque, matorral y humedales. Este peculiar arenal de un tono gris oscuro se extiende desde Port Milena, en la entrada del Adriático a las salinas de Ulcinj, hasta la desembocadura del río Bojana, en la frontera con Albania, y aunque carece de construcciones a pie de costa, sí presenta una concatenación de chiringuitos que ofertan hamacas y sombrillas, así como actividades de deportes de agua. Ya casi en la desembocadura del río Bojana, hay una zona popular para la práctica del *kite surf*, y un poco más allá, en la propia desembocadura, se conforma una isla fluvial, la **isla de Ada Bojana**, que cuenta con un arenal de 3 km donde se ha construido un pequeño resort nudista.

✉ Velika plaža.

▼ *Velika plaža* (Gran playa).

Dulcinea del Adriático

Cuenta la leyenda que unos corsarios otomanos con base en Ulcinj interceptaron una fragata española tras la batalla de Lepanto. En ella viajaba un individuo con una recomendación del rey al que encerraron pensando que sería un valioso prisionero. Por las noches, este escribía en su celda y durante el día cantaba. La misma leyenda asegura que este hombre al que los locales llamaban Servet, años después escribió *Don Quijote de La Mancha,* y bautizó al amor de su protagonista como Dulcinea en honor a esta localidad que, en italiano, es *Dulcigno*. No hay base histórica alguna a la que agarrarse, pero la ciudad está plagada de referencias a Cervantes y Dulcinea.

La **esencia** del **interior**

El interior de Montenegro se presenta como un sosegado entreacto en un viaje desde la abrupta costa adriática hasta los todavía más abruptos Alpes Dináricos. En él encontramos las escasas llanuras nacionales donde crecen sus dos "grandes" ciudades, Podgorica y Nikšić, que no suelen incluirse en los circuitos turísticos estándar. Sí suele hacerlo la antigua capital, Cetiña, donde se encuentran algunas de las instituciones culturales más importantes del país, y que nos introduce a un Montenegro más puro y menos mestizo. La joya natural de esta zona es la masa de agua dulce más extensa de los Balcanes.

| CETIÑA ✱

La capital histórica de Montenegro (*Cetinje* en montenegrino) es una pequeña y apacible localidad que alberga la mayoría de las sedes del Museo Nacional, además de algunos de los monumentos más significativos para el sentimiento nacionalista. La fundó en 1482 Ivan Crnojević, señor de Zeta, cuando la presión otomana le obligó a trasladar su Corte y el obispado desde las orillas del lago Skadar hasta las faldas del monte Lovćen, a unos 700 m de altitud. Cetiña se convirtió en un centro cultural clave para los agonizantes Estados serbo-montenegrinos, en el que por ejemplo funcionó la primera imprenta en el sureste europeo. Pero en 1514 se convertiría forzosamente en la capital de un Estado vasallo del Imperio Otomano: el Sanjacado de Montenegro.

La llama nacionalista no se apagó y, casi dos siglos después, Danilo I consiguió unificar las voluntades de los distintos clanes de la "Montaña Negra". Así, en 1697 fue proclamado aquí *vladika*, es decir, príncipe y obispo a la vez de una unidad administrativa no reconocida por los otomanos, pero con una autonomía de facto. Otros dos siglos más tarde, en 1910 y ya en un país independiente, Nicolás I fue coronado primer rey de Montenegro también aquí. Cetiña vivía sus días más florecientes en los primeros años del siglo xx, pero tras perder su independencia e integrarse en el Reino de Yugoslavia, una Podgorica libre de reminiscencias nacionalistas emergió como capital alternativa.

La Constitución de 2007 mantuvo la capitalidad de Podgorica, pero otorgó a Cetiña el título de "antigua capital real", tras lo cual se estableció la residencia oficial del Presidente de la República en el **Palacio Azul** (*Plavi dvorac*), un edificio de estilo

Punto de información y aparcamiento

✉ Štampar Makarije.
☎ +382 67 173 735.
🕐 9-18 h.
🌐 www.cetinje.travel

◄ Cetiña es la capital histórica de Montenegro aunque en la actualidad la capital es Podgorica.

¿Sabías que...?

Danilo I, hijo del rey Nicolás I, tuvo que huir con su familia durante la Primera Guerra a Italia y Francia, donde llegó a ser coronado rey titular en el exilio en 1921, por lo que algunos lo consideran el último monarca de Montenegro.

▼ Palacio Azul, Residencia del Presidente de Montenegro.

▲ Museo Nacional de Montenegro.

Museo Nacional de Montenegro
✉ Novice Cerovića.
🕐 Mayo-octubre: 9-17 h.
Noviembre-abril: L-V, 9-15 h.
💶 5 €.
20 € (todos los museos + mausoleo Njegoš).
🌐 www.narodnimuzej.me

✉ Dvorski trg.
🕐 Mayo-octubre: 9-17 h.
Noviembre-abril: L-V, 9-15 h
💶 5 €.
🌐 www.narodnimuzej.me

▶ Biljarda (Palacio Billiard).

imperio construido en 1894 para el príncipe heredero Danilo. Existe un buen número de embajadas como la de Serbia, Rusia, Alemania o Reino unido que ocupan los palacetes de su casco urbano. Su peatonal **Njegoševa** puede merecer un paseo, mientras que alrededor de la plaza **Dvorski Trg** se ubica el grueso de los monumentos de interés.

Museo Nacional de Montenegro　　　　★★
El edificio más imponente del país se construyó en 1910 para ser parlamento y sede de gobierno, y hoy alberga dos museos que se encontraban en proceso de renovación en el momento de redactar este texto. El **Museo de historia** *(Istorijski muzej)* hace un concienzudo repaso a los acontecimientos, particularmente del siglo xx, mientras que permite trazar un viaje por épocas anteriores a través de fotografías y réplicas de las mejores piezas del patrimonio montenegrino. El **museo de Bellas Artes** *(Umjetnički muzej)* está dedicado a pintores yugoslavos de los siglos xix y xx, aunque la exposición arranca mucho antes, siendo su gran joya el icono de *Nuestra Señora de Filermo*, datado entre los siglos xi y xii, aunque según la leyenda lo pintó el mismísimo San Lucas. No es un museo para tirar cohetes, pero sí es aire fresco y puro para los amantes de las artes plásticas, que disponen de una ocasión única para descubrir la obra de autores como Petar Lubarda, Milo Milunović o Mihajlo Vukotić.

Biljarda (museo Njegoš)　　　　　　　★
Esta especie de fortaleza medieval conocida como el "palacio del billar" data sin embargo del año 1838. Pedro II Petrović-Njegoš ordenó construirla para ser la residencia de los príncipes-obispos de Montenegro, además del Senado. Cumplió su papel hasta 1867, cuando la residencia se trasladó al Palacio

INTERIOR

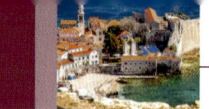

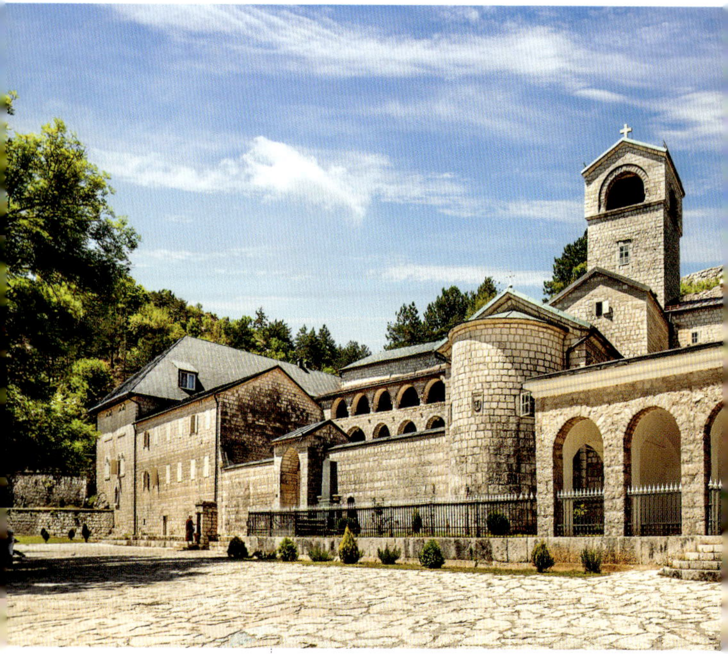

real (hoy, Museo del Rey Nicolás I). Consta de una muralla con cuatro torres alrededor de un sencillo edificio de dos alturas, cuyos austeros interiores albergan el llamado museo Njegoš, con retratos y objetos de la familia. Hasta sus jardines se trajeron *stecci* (enterramientos medievales de los Balcanes) que peligraban en otras ubicaciones, donde también llama la atención un enorme mapa de Montenegro en relieve realizado por los austriacos en 1917.

Monasterio Crnojević *

Frente a Biljarda aparece una pequeña capilla rodeada por los cimientos de un viejo monasterio al que se podría considerar como la piedra fundacional de Cetiña. Este se construyó por orden de Ivan Crnojević en 1484, y fue destruido a finales del siglo XVII por los soldados venecianos que, huyendo de los otomanos, querían impedir que cayera en sus manos (contexto: guerra de Morea). La iglesia en cuestión, a la que suelen referirse como la iglesia del Palacio (*Dvorska crkva*) o la iglesia de Ćipur, es una obra de 1890 en estilo arcaizante. Alberga los restos mortales de Crnojević, así como los del rey

Yugonostalgija

Se trata del fenómeno social que extraña la época en que Montenegro formaba un único país junto a Bosnia, Croacia o Serbia. El término se utiliza con connotaciones positivas y negativas casi a partes iguales.

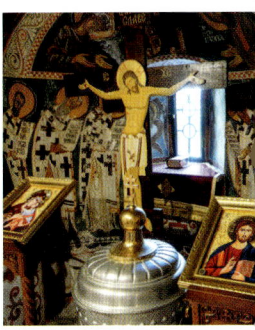

Nicolás I y su mujer Milena, que fueron trasladados hasta aquí desde Italia en el año 2012.

▲ El monasterio de Cetiña ha sido durante siglos el centro espiritual, cultural y político del país.

Monasterio de Cetiña
(Cetinjski manastir) ✳

Se trata de uno de los edificios de mayor significado para el sentir nacional de Montenegro, símbolo de su lucha por la supervivencia, además de la sede del arzobispado de su mayor diócesis, cuya catedral está en Podgorica. La construcción original data de los primeros años del siglo XVIII, cuando el recién nombrado príncipe-obispo Danilo I Petrovik-Njegoš quiso refundar el monasterio Crnojević valiéndose de los mismos sillares que habían quedado del viejo monasterio. Después fue reconstruido en varias ocasiones tras sufrir numerosos ataques otomanos. Su interior dista de ser el más sugerente del país, pero sí destaca por un tesoro que presume de la corona del rey serbio Stefan Uroš III, y que alberga reliquias que son destino de largas peregrinaciones, como la mano derecha de San Juan Bautista, un pedazo de la Vera Cruz o los restos de San Pedro de Cetiña (Pedro I Petrović-Njegoš).

▲ Arriba, museo del Rey
Nicolás I; abajo, museo
etnográfico de Cetiña.

· · · · · · · · ·

✉ Dvorski Trg, 4.
🕐 Mayo-octubre: 9-17 h.
Noviembre-abril: L-V, 9-15 h.
💶 8 €.
🏠 www.narodnimuzej.me

Museo del Rey Nicolás I   ✱

Este palacete de un rojo pardo fue durante medio siglo la residencia de la familia real de Montenegro. Se
construyó entre 1863 y 1867, durante el principado
del futuro rey Nicolás I, en un sencillo estilo historicista con algunos elementos *art nouveau*. Tras quedar
huérfano de su familia real, desde 1926 funciona como
museo, conservando las estancias más o menos como
quedaron tras la huida. En ellas descubrimos los tesoros de una familia real modesta, aunque venida a más
en comparación con aquella que habitaba el palacio
Biljarda. Alberga retratos familiares, mobiliario pala-
ciego, armas y piezas de arte decorativo y, brillando
sobre el resto, el *Cetinjski oktoih*, es decir, del primer
incunable en la variante serbia del antiguo eslavo ecle-
siástico, que se imprimió en Cetiña. Interesantes son
sus jardines y un bosque de cedros.

· · · · · · · · ·

✉ Dvorski Trg.
🕐 Mayo-octubre: 9-17 h.
Noviembre-abril: L-V, 9-15 h.
💶 4 €.
🏠 www.narodnimuzej.me

Museo Etnográfico   ✱

La sede menos cotizada del Museo Nacional, que
ocupa la antigua embajada de Serbia, presenta piezas que evocan la vida y costumbres populares de
entre finales del xix y principios del xx, con protagonismo de los textiles.

Parque Nacional Lovćen ★★★

Entre Cetiña y Kotor, emerge abruptamente un pequeño macizo kárstico de vistas espectaculares y con mucho significado para el sentir nacional, entre otras cosas por ser el que da nombre al país. Y es que, aunque sus cumbres calizas presentan colores claros, a sus pies crecen bosques cerrados y oscuros que hicieron que los serbios le pusieran a Lovćen el sobrenombre de la Montaña Negra. El Parque Nacional es una pequeña reserva de tan solo 62 km², pero en la que encontramos ecosistemas muy diversos debido a los bruscos cambios de altitud, con zonas de clima mediterráneo y otras prácticamente de alta montaña, por lo que se ha contabilizado más de un millar de especies de plantas en su territorio. El llamado monte Lovćen es, en realidad, un grupo de montañas de las estribaciones de los Alpes Dináricos entre las que cabe destacar dos cumbres: Štirovnik (1.749 m) y Jezerski (1.657 m), desde donde la vista alcanza a todo el país, e incluso a las costas italianas. La mayoría de viajeros se limitan a disfrutar de estas panorámicas, que a menudo son prácticamente accesibles en coche (ver mausoleo Njegoš), pero también vale

▲ Mirador que hay tras el Mausoleo de Njegoš en el Parque Nacional Lovćen.

La etnia montenegrina

Quizá sea la más difusa del complejo puzle balcánico. La Constitución yugoslava de 1974 definió a República Socialista de Montenegro como un "Estado no nacional", mientras que a otras, por ejemplo, las definió como un "Estado nacional de los croatas y otras nacionalidades en Croacia".

Centro de Visitantes

- 📧 Ivanova Korita.
- ⏱ 9-17 h.
- 💶 3 € (acceso al Parque Nacional incluido).
- 🌐 https://nparkovi.me/en/

- 📧 Lovćen.
- ⏱ Abril-noviembre: 9-17 h.
- 💶 8 € (acceso al Parque Nacional incluido).
- 🌐 https://narodnimuzej.me/posjeta-njegosev-mauzolej/

la pena descender a lugares como la planicie de **Ivanova Korita**, un territorio boscoso desde donde parten numerosas rutas senderistas y ciclistas, y donde incluso se puede esquiar en invierno. Aquí se encuentra el **Centro de Visitantes** del Parque Nacional, con buena información traducida al inglés sobre el entorno y sus posibilidades, así como un servicio de alquiler de bicicletas. A su alrededor hay varios alojamientos y un parque de aventuras.

Mausoleo Njegoš ★★

A Lovćen lo llaman el monte Olimpo montenegrino, en parte, por su vinculación con la dinastía Petrović-Njegoš, que ha dado a luz a casi todos los grandes héroes nacionales. Sobre la cima Jerzerski, este mausoleo no es especialmente reseñable a nivel artístico, pero se erige como el punto más visitado de esta reserva natural. El público internacional busca su mirador, mientras que el nacional lo visita por sus implicaciones emocionales, ya que honra la memoria de Pedro II Petrović-Njegoš (►16), considerado uno de los padres de la patria por su labor clave en la reactivación del sentimiento nacional.

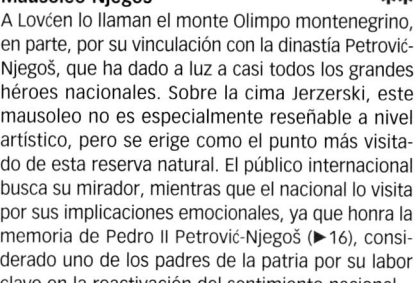

El mausoleo original se erigió poco después de su muerte, allá por 1855, en una capilla que Pedro II había construido para que lo enterraran en ella. Eligió este lugar desde el que se divisa todo el país a modo de conjuro para que los clanes de Montenegro no volvieran a dividirse. Sin embargo, al inicio de la Primera Guerra Mundial, Montenegro atacó a la flota austro-húngara de la bahía de Kotor desde el monte Lovćen, y cuando en enero de 1916 la contraofensiva austriaca recuperó estas alturas, la capilla fue dañada y los restos de Pdreo II trasladados a Cetiña. Resulta llamativo que el mausoleo actual se construyera en 1974, es decir, que la Yugoslavia comunista y atea de Tito homenajeó a un príncipe-obispo con un edificio, para más inri, inspirado en el modernismo vienés.

Se puede llegar en coche hasta la base del mausoleo, donde encaramos una imponente escalinata de 461 peldaños, cubierta parcialmente por una bóveda de cañón. Arriba espera el panteón, hecho en parte con mármol negro, cuya entrada flanquean dos cariátides. En el interior hay una escultura de un Pedro II pensativo y bajo la cual se encuentra la cripta con sus restos. Mientras los nacionales suelen bajar en actitud solemne, los extranjeros prefieren bordear el monumento para asomarse a un mirador desde el que, en los días claros, se alcanzan todos los rincones del país.

Casa Natal de Njegoš   ✳

Esta vivienda de gruesos muros de piedra fue construida a finales del siglo XVIII por el tío de Pedro II Petrović-Njegoš, donde este nacería en 1813. Es representativa de una casa típica de familia acomodada montenegrina de la época, si bien su aspecto es rústico y austero. Desde 1973 es un museo dedicado a la vida y obra de Pedro II, así como a otros miembros de su familia, que además alberga una pequeña exposición etnográfica. Se ubica en la ladera septentrional del monte Lovćen, en la aldea de Erakovići, a medio camino entre Kotor y Cetiña por la carretera P1 que evita las cumbres y, por lo tanto, el mausoleo Njegoš.

▲ El mausoleo de Pedro II Petrović-Njegoš se encuentra en lo alto del pico Jezerski Vrh.

⊠ Njegoševa Rodna Kuća Erakovići.
◉ Abril-noviembre: 9-17 h.
🎫 8 €.
🖥 www.narodnimuzej.me

I LA SERPENTINA DE KOTOR   ✳✳✳

Descender por la carretera P1 desde el monte Lovćen hasta la bahía de Kotor es, más que un imprescindible en Montenegro, una experiencia vital. Hay 35 km entre el aparcamiento del mausoleo y las orillas del Adriático, y casi de 1.600 m de desnivel en los que vamos encontrando numerosos miradores con vistas a las bocas de Kotor. En el tramo final, vamos a encontrar una espectacular "serpentina" con 16 curvas de herradura concatenadas que nos ayudan a salvar 400 m de desnivel en unos 8 km lineales. La experiencia es algo más impactante de bajada, y particularmente durante la caída del sol, pero también se disfruta de subida y en cualquier momento del día.

▲ Vista del Puente del Milenio y, tras este, el puente de Moscú sobre el río de Morača.

❚ PODGORICA ✱

La sosegada capital de Montenegro suele catalogarse de "prescindible" en los circuitos turísticos. Tiene un escueto casco histórico de época otomana, muchas zonas verdes, un puñado de museos de arte y otro puñado de edificios brutalistas, así como una singular catedral neobizantina. Casi todo data de la década de 1950 en adelante, ya que fue arrasada durante las Segunda Guerra Mundial, particularmente por los bombarderos aliados en 1944. Aun así, habrá quien le encuentre sus encantos, por ejemplo en el contraste de sus estampas casi bucólicas de niños bañándose en playas fluviales de aguas impolutas a los pies de un pequeño rascacielos acristalado.

Atravesada por el río Morača de norte a sur, la zona vieja se encuentra sobre su orilla oriental. Esta, a su vez, queda dividida por el afluente Ribnica, que corre de este a oeste: al sur de la confluencia de ambos ríos

El puente ruso de Podgorica

Cuatro puentes cruzan el río Moraca. El peatonal "de Moscú" *(Moskovski most)* es la opción más atractiva para el viajero por su estética, que abraza lo nuevo y lo viejo, y por sus vistas al puente del Milenio. Fue un regalo de 2008 de la capital rusa en un intento de estrechar relaciones que se acababa de independizar de Serbia, su aliada histórica. En su extremo occidental hay un memorial un tanto estridente dedicado al célebre cantante soviético Vladimir Visotski; una cita suya lamenta que Montenegro no fuese su patria.

encontramos **Stara Varoš**, el tranquilo barrio otomano en el que sobrevive la Podgorica más antigua; al norte, aparece **Nova Varoš**, un ensanche más moderno y animado, cuyo epicentro es Trg Republike, donde se encuentran varios museos y edificios como el Parlamento. En la orilla occidental del Morača se levanta **Novi Grad**, la ciudad nueva, donde se puede visitar el palacio Petrović, la nueva catedral o el campus universitario, con buenos ejemplos brutalistas.

Entre 1945 y 1992 la ciudad llevó el nombre de Titogrado en honor al presidente de Yugoslavia, Josip Broz Tito. El topónimo actual es más mundano: significa "bajo la colina". Su historia sienta raíces en la ciudad romana de Doclea, fundada en el siglo I a.C., cuyas ruinas hoy se pueden visitar a unos 4 km al norte de la ciudad, siguiendo las señales de su versión eslavizada *Duklja*. El asentamiento llegó a albergar una población de 10.000 habitantes, donde se han encontrado restos de un acueducto de 16 km. Los hallazgos más valiosos se conservan en la sección arqueológica de la sede principal del Museo de Podgorica (*Marka Miljanova 4*), aunque su mejor tesoro se trasladó al Hermitage de San Petersburgo: la *podgorička čaša*, un platillo de cristal considerado como un ejemplo extraordinario de arte paleocristiano.

Stara Varoš   ✱

Devastado por los bombardeos de la Segunda Guerra Mundial, el casco viejo preserva algún edificio de época otomana, aunque sus raíces profundizan más allá de la invasión turca. Un buen punto de partida es el **puente Viejo** (*Stari most*) sobre el río Ribnica, que ya existía en época romana, aunque el actual es una reconstrucción del siglo XVIII, por lo también es conocido como el puente de Adži-paša. Cruzándolo hacia el sur entramos en los terrenos de la vieja fortaleza otomana conocida como Depedogen, erigida tras la invasión de 1474 y severamente dañada durante la

▼ Puente Viejo sobre el Ribnica que da acceso a Stara Varoš.

▲ Vista del Puente del Milenio sobre el río de Morača.

guerra turco-montenegrina de 1878. Ahora, sin embargo, suelen llamarla **fortaleza de Ribnica** e incluso ciudad de Nemanja, puesto que se cree que aquí nació el célebre Esteban Nemanja (▶16) en el siglo XII. Un paseo interesante puede consistir en trazar un triángulo cuyos vértices sean la mezquita Starodoganjska del siglo XV, la primera de la ciudad, reconstruida austeramente; la **mezquita Osmanagić,** original de finales del XVIII pero también reconstruida en los años 1990, que tiene un mihrab de madera que la hace algo más atractiva; y la **torre del reloj** (*Sahat Kula*) de 1667, que con sus 19 m de altura fue paradójicamente el único monumento que sobrevivió a los bombardeos de la guerra. Restaurada con fondos turcos, se ubica en la plaza Bećir Beg Osmanagić, que recuerda al último gobernador otomano de Podgorica.

Museos de Podgorica ✱
En el barrio Nova Varoš, la sede principal de la institución **Museos y Galerías de Podgorica** alberga sus cuatro secciones más importantes: la arqueológica, con una interesante colección de piezas de su pasado ilirio o romano; la etnográfica, con arte decorativo, armas y diversos útiles de los siglos XIX y XX; y la histórica e histórico-cultural, con un puñado de piezas de valor pero en la que se echa en falta un poco de didáctica. Otra sede interesante es la

· · · · · · · · · ·

Museos y Galerías de Podgorica
✉ Marka Miljanova, 4.
🕐 M-D: 9-20 h.
🌐 www.pgmuzeji.me

Galerija Risto Stijović, dedicada a este célebre escultor (1894-1974), oculta entre los callejones Stara Varoš, en una construcción contemporánea que se integra bien en el barrio.

En la gran avenida Njegoševa, una estatua del poeta ruso Alexander Pushkin (regalo de la ciudad de Moscú) nos sirve de referencia para ubicar la conocida como **Galerija Centar**, una de las sedes del Museo de Arte Contemporáneo de Montenegro (MSUCG). Quizá más interesante, al menos en lo que se refiere a su construcción y ubicación, es su otra sede situada al sur de Novi Grad, en el contexto de un frondoso parque urbano: el **palacio Petrović** (*Dvorac Petrovića*). El rey Nicolás I ordenó la construcción de este mal llamado "castillo" en 1891 para ser la residencia de invierno de su hijo Mirko.

Museo de Arte Contemporáneo
✉ Galerija Centar (Njegoševa, 2). Palacio Petrović (Kruševac).
🕐 L-V: 8-20 h. S: 10-14h.
📱 www.msucg.me

Catedral de la Resurrección de Cristo ★★
Aberrante para algunos y apasionante para otros, la catedral de la mayor diócesis de la Iglesia Ortodoxa Serbia en Montenegro es una de las obras de arte sacro contemporáneas más llamativas del Viejo Continente. Presenta unas dimensiones impropias para este país, con una cúpula que alcanza los 35 m de altura y dos torres-campanario de 27 m, una de las cuales soporta la que dicen es campana más pesada de todos los Balcanes, con 11 toneladas. Situada en

✉ 3 Bulevar Džordža Vašingtona.
🕐 Misas: a las 9 h y a las 19 h (en invierno a las 18 h).
📱 www.hramvaskrsenja.me

una plaza un tanto desangelada de Novi Grad, el edificio trata de evocar las tradiciones nacionales arquitectónicas y pictóricas más antiguas. Está inspirado en los viejos templos medievales bizantinos, tomando muchas referencias de la catedral de San Trifón de Kotor, que a su vez presenta influencias italianas.

La profusa decoración interior es abrumadora. Un universo de frescos arcaizantes sobre pan de oro cubre cada centímetro de sus paredes y bóvedas, sumando 6.200 m² de pinturas murales. Para ojos no entrenados, podrían parecer pinturas infantiles, pero son fruto de un profundo estudio de las distintas escuelas de iconos de los Balcanes. En la parte central encontramos una lámpara que quiere evocar a la de Santa Sofía de Estambul, y bajo esta un mosaico con el Arca de Noé. Entre este y el iconostasio (con un friso de la creación del mundo), un águila bicéfala reclama la unión entre la Iglesia y el Estado en este templo en el que se honra la memoria del último rey montenegrino, Nicolás I, así como del último zar ruso, Nicolás II. No son las únicas referencias políticas: los ojos más agudos quizá encuentren a Karl Marx junto a Engels y Tito en el infierno, así como lo que parecen ser bosnios quemando iglesias.

▶ Las denominadas cataratas del Niágara europeas se encuentran a pocos kilómetros de Podgorica.

La catedral se comenzó a construir en el año 1993 y no fue consagrada hasta el 7 de octubre de 2013, coincidiendo con el 1.700 aniversario del Edicto de Milán que estableció la libertad religiosa en el Imperio Romano. A la ceremonia asistieron los Patriarcas de Constantinopla, Moscú y Jerusalén, y el propio metropolita de Montenegro, Amfilohije, quien tras su muerte en 2020, fue enterrado en la cripta de la catedral.

I CATARATAS DEL NIÁGARA (O LA VUELTA A KORITA) ✱

Con este presuntuoso nombre (*Vodopad Nijagara*) las agencias turísticas locales ofrecen una de las excursiones más populares entre los que visitan Podgorica, a tan solo 9 km del centro. Las expectativas que genera el apelativo suelen conducir a la decepción, especialmente en verano, cuando el río Cemi corre con poco caudal y se descubre que el salto de agua es artificial. Quienes dispongan de vehículo pueden optar por una excursión algo más ambiciosa: el llamado *Krug oko Korita* o Vuelta a Korita. Se trata de un circuito panorámico de 65 km que pasa por distintos monumentos y puntos de

📧 Excursiones desde Podgorica.

▶ El Monasterio de Ostrog se ha excavado en un acantilado vertical de la gran roca de Ostroška Greda.

· · · · · · · · · ·

🕐 Mayo-septiembre: 6-17 h. Octubre-abril: 5-16 h.
🚌 Tasa turística del monasterio superior: 2 €.
🌐 www.manastirostrog.com
🚆 Tren Podgorica-Ostrog: 45 min (5 al día): 3 €.
🚍 Bus Podgorica-Bogetići: 45 min (20 al día): 3 €.

valor natural, y en el que se propone, cuando ya casi rozamos la frontera con Albania, un pequeño paseo de 5 km hasta el mirador de la **Garganta de Halcón** *(Grlo Sokolovo)*. La ruta está señalizada con carteles marrones con el número 4 y conviene tener en cuenta que tiene partes muy estrechas no aptas para caravanas. Además, alcanza los 1.400 m de altitud, por lo que puede ser problemática en invierno.

❙ MONASTERIO DE OSTROG ★★

Empotrado al pie de un acantilado, el santuario más venerado de Montenegro se asoma al valle de Zeta desde una prominencia cercana a los 800 m. Está consagrado a San Basilio de Ostrog, el metropolita de Herzegovina que, en 1665, después de que los otomanos destruyeran su monasterio de Tvrdoš en Trebinje (Bosnia), fundó aquí uno nuevo excavando capillas rupestres. Tras su muerte se le atribuyeron numerosos milagros y comenzó así una de las devociones más populares de la Ortodoxia; cada año su tumba recibe más de un millón de visitas.

El **monasterio inferior** *(Donji manastir),* su parte más nueva, surgió para poder hospedar al creciente número de monjes que se concentraban en la parte superior. Se ubica en una repisa de la ladera que permite tener pequeños cultivos. Destaca su iglesia de la Santísima Trinidad, de 1825, con un importante trabajo de pinturas murales. Un escalón por encima, la pequeña iglesia del mártir Stanko fue construida en 2004 a imagen y semejanza de los templos medievales; alberga las manos incorruptas de este santo a quien le fueron amputadas por negarse a revelar a los turcos la ubicación del enterramiento de San Basilio.

El **monasterio superior** *(Gornji Manastir),* el original, si sitúa a unos 3 km por encima del inferior, conectado por una estrecha y retorcida carretera que salva más de 200 m de desnivel. Los peregrinos suelen ascender caminando (45 min) por un sendero escalonado que ataja por las curvas de herradura para ganarse el favor del hacedor de milagros. Los coches solo pueden llegar hasta un aparcamiento desde el que todavía habrá que subir unos 200 escalones hasta el santuario (10 min), aunque si se sube en taxi o se acreditan problemas de movilidad, se puede llegar hasta la misma puerta donde hay un segundo aparcamiento.

Arriba alcanzamos el templo original, cuya impecable fachada blanca es, en realidad, el monasterio en sí mismo, ya que esta apenas esconde un puñado de pequeñas oquedades. En 1925 sufrió un incendio

tras el que tuvo que ser reconstruido, pero sus dos capillas rupestres originales del siglo XVII sobrevivieron, hecho que acrecentó el mito de San Basilio milagroso. La primera es la capilla de la Presentación de Nuestra Señora (Црква Ваведења Пресвете Богородице), donde se encuentran los venerados restos de San Basilio, con un reseñable iconostasio. La segunda es el gran tesoro de Ostrog: la **capilla de la Exaltación de la Cruz** (Црква Воздвиженьа часног крста), repleta de frescos que cubren los recovecos de la roca, con representaciones de la vida de Cristo a través de figuras de miradas penetrantes, además de composiciones vegetales y geométricas. La leyenda cuenta que los monjes la construyeron para guardar un fragmento de la Santa Cruz que poseían.

El coche es la opción más cómoda para llegar. Desde Podgorica, la carretera que asciende desde Danilovgrad es la más ancha y segura, siendo más estrecha y peligrosa la de Bogetići. Hay autobuses desde Podgorica a Bogetići y, desde allí, taxis hasta el monasterio inferior (8 km). La estación de tren de Ostrog, en la línea Podgorica-Nikšić, se encuentra a 1 h a pie del monasterio inferior siguiendo las señales de Манастир Острог. Conviene madrugar y evitar días concurridos ya que se puede cerrar el acceso si se llenan los aparcamientos; una bonita opción es pernoctar en alguno de los hoteles panorámicos de alrededor, así como en el mismo complejo, pero habrá que integrarse en los tempraneros horarios monacales. Se exige vestimenta "adecuada" para la visita, es decir, ni pantalón corto, ni falda corta, ni camisetas de tirantes; las mujeres suelen cubrirse la cabeza con un pañuelo.

Museo Regional

✉ Trg Šaka Petrovića.
🕐 Abril-octubre: M-S, 8-20 h; D, 8-13 h. Noviembre-marzo: M-S, 8-15 h; D, 8-13 h.
🌐 www.muzejniksic.mes

▎ NIKŠIĆ　　　　　　　　　　　★

La segunda ciudad del país también suele calificarse como "prescindible" en los circuitos turísticos. Es una localidad industrial sobre una meseta a unos 650 m de altitud, que para los más optimistas puede servir de alto en el camino entre los monasterios de Ostrog y Piva. Su palacio del Rey Nicolás I *(Dvorac Kralja Nikole I)* es un edificio neorrenacentista de 1900 que alberga el **Museo Regional** *(Zavičajni muzej)*, un todoterreno con un poco de arqueología, historia y etnografía, que seguramente disfruten los amantes de la historia del siglo XX. A su lado se levanta la **catedral de San Basilio**, también de 1900, imponente en su exterior y algo decepcionante en su interior, aunque con un interesante iconostasio. Un poco más al norte aparecen las murallas de

Onogošt, también conocidas como la **fortaleza de Bedem,** un castro romano del siglo IV, reconstruido por los otomanos a principios del siglo XVIII, y en la que, cada mes de agosto, se celebra uno de los festivales de música más esperados del país *(Bedem Fest).* En las afueras destacan un par de lagos con cierto encanto, el Slano y el de Krupac; en este último te puedes refrescar en una bonita playa fluvial.

**I PARQUE NACIONAL DEL
LAGO SKADAR (▶28)**   ✱✱✱

**I MIRADOR DE PAVLOVA STRANA
Y RIJEKA CRNOJEVIĆA**   ✱

La estampa más famosa del Parque Nacional Skadar no muestra el lago sino un río que serpentea antes de desembocar en él. En concreto, la postal consiste en un gran meandro del río Crnojević visto desde el mirador de Pavlova Strana, en el extremo septentrional del parque, al que se puede acceder desde la carretera M2.3 que une las capitales de Podgorica y Cetiña. Desde este punto podemos descender hasta el pueblo de **Rijeka Crnojević,** con un embarcadero junto a un hermoso puente de piedra. Esta localidad puede servir de puerta de entrada a la reserva natural, pero hay que tener en cuenta que queda algo retirada del lago en cuestión. Desde aquí podríamos navegar por los pintorescos meandros del Crnojević hasta su desembocadura en el Skadar. También podríamos conducir hasta Virpazar por un angosto y retorcido carreterín sin atractivos particularmente reseñables, más allá de las encantadoras ruinas de los molinos hidráulicos de Poseljani y su cascada.

I KARUČ   ✱

Esta diminuta y encantadora localidad al norte del lago Skadar es una alternativa muy interesante para quienes quieran disfrutar de esta reserva natural desde una perspectiva remota y auténtica. Se trata de un pequeño asentamiento de pescadores situado en una bahía con vistas extraordinarias, cuyas casitas de piedra se han reconvertido en apartamentos que ofrecen paseos en barca por el lago y comidas a base de pescado fresco. Su ubicación gana enteros por su proximidad a varias **bodegas** de vino que ofrecen experiencias enoturísticas, como es el caso de Vinarija Janković o la más familiar Vinarija Mkran. Karuč es fácilmente accesible desde la carretera M2 Podgorica-Cetiña, y su visita se puede emparejar con la del **mirador de Pavlova Strana.**

▲ Fortaleza de Bedem.

¿Sabías que...?

La superficie del lago Skadar oscila en torno a los 5 m sobre el nivel del mar, así que buena parte de su fondo se sitúa por debajo de este, formando lo que se conoce como criptodepresión. Su punto más profundo es un manantial de agua dulce llamado Oko Radus, a unos 60 m.

• • • • • • • • • •

Vinarija Janković
✉ Drušići.
☎ +382 68 238 638.
🖥 www.vinarijajankovic.com

Vinarija Mkran
✉ Rvaši.
☎ +382 67 807 362.
🖥 www.en.mrkan.net

❙ VRANJINA ✱✱

Esta localidad es un interesante punto de partida
para descubrir la zona noroccidental del lago Skadar,
que probablemente sea la más atractiva, caracte-
rizada por sus humedales plagados de nenúfares
y aves migratorias. Se sitúa en un terreno elevado
en mitad del delta que forma el río Morača, en lo
que se conoce como la llanura o golfo de Zeta. De
hecho, Vranjina antes era una isla, pero ahora está
comunicada por la carretera E-80 de Podgorica a
Sutomore que cruza el lago, e incluso cuenta con
una estación ferroviaria de la línea Bar-Belgrado.
Junto a esta encontramos varios alojamientos y un
pequeño un embarcadero, aunque turísticamente
resulta más interesante la parte del pueblo que
se ubica en la cabecera del puente. Aquí se ubica
un **Centro de Interpretación** sobre la fauna y la
flora del lago, un mirador con vistas a la **fortaleza
Lesendro,** del siglo xv, y un embarcadero donde se
pueden contratar barco-taxis privados o sumarse a
algún recorrido "de línea" en temporada.

Una excursión en barca muy típica consiste en
dirigirse hasta el **monasterio de San Nicolás** o de
Vranjina, uno de los más antiguos de Montenegro,
con raíces en el siglo xiii, y donde Pedro II constituyó
fue nombrado príncipe-obispo. Sin embargo, seguramente resulte más pintoresco adentrarse hacia
el norte por el golfo de Zeta, donde encontramos
dos promontorios. El primero, en la isla de Odrinska
Gora y solo accesible con una embarcación, es el
monasterio de Kom, del siglo xv, sin duda el mejor
conservado del lago, con una interesantísima colección de frescos de época. El segundo, al que podría
también accederse por carretera dando un rodeo vía
Vukovci, alberga las ruinas de la **fortaleza de Žabljak
Crnojevića**, que fue una de las últimas plazas fuertes
de Zeta hasta la conquista otomana de 1478.

❙ VIRPAZAR ✱✱

En el extremo sur del puente que cruza el estrecho
del lago Skadar, Virpazar es la puerta más polivalen-
te del parque nacional, ya que desde su estratégico
embarcadero podemos realizar rutas hacia el norte
por los hitos mencionados en el apartado anterior,
pero también por los islotes y calas de la orilla sur,
ya sea en barca o sobre ruedas. Esta localidad también se encuentra dividida en dos núcleos: uno más
moderno en torno a la estación de tren de la línea
Bar-Belgrado, y otro más antiguo y encantador que
surgió como puerto de pescadores en el extremo
de una "lengua de agua" del lago, con acceso direc-

▲ Ruinas de la fortaleza
otomana del islote de
Grmožur.

◄ Fortaleza de Besac, en la orilla del lago Skadar.

to a sus recursos pero algo más protegido de sus vientos. La vida gira en torno a su puente de piedra, junto al que se encuentra un **centro de visitantes**, un embarcadero y un monumento real socialista dedicado a los partisanos que, el 13 de julio de 1941, se alzaron contra los fascistas italianos. En invierno, Virpazar celebra el **Festival vina i ukljeve**, un mercado de productores centrado en el vino y en el pescado con distintas actividades culturales.

A unos 50 m sobre el monumento, domina el pueblo la **fortaleza de Besac,** construida tras la conquista otomana del principado de Zeta en el año 1478. Después de sufrir la reconquista montenegrina, la ocupación italiana durante la Segunda Guerra Mundial y el terrible terremoto de 1979, fue reconstruida en el año 2016 y ahora es un espacio dedicado a la gastronomía y cultura locales, que además ofrece unas excelentes vistas al lago.

Una de las excursiones en barco más populares que parten desde Virpazar es la que llega hasta el **islote de Grmožur,** un pintoresco punto de anidación de aves en el que se conservan las ruinas de una fortaleza otomana construida en 1843, cuando el renacer nacional montenegrino inquietaba al poder turco. Tras pasar a manos cristianas en 1878, se convirtió en prisión política; no está claro si es por eso que le llaman la isla de las serpientes.

Centro de visitantes
🕐 Verano: L-S, 8-20 h; D, 8-16 h.

Fortaleza de Besac
🕐 9-21 h.
🌐 www.besac.me

¿Sabías que...?

El pelícano ceñudo o dálmata es el símbolo del lago Skadar. Se trata del ave de agua dulce más gran del planeta, en competencia con el cisne. Puede alcanzar los tres metros de envergadura, lo que sumado a su peso lo convierte en torpes a la hora de despegar y aterrizar.

GODINJE

Enclavada en una hermosa bahía de la orilla sur del lago Skadar, esta minúscula localidad tiene fama de ser una de las más encantadoras de Montenegro. No presenta monumentos reseñables, pero sí un puñado casas de piedra tradicionales, en su día dedicadas a la producción de vino, y hoy reconvertidas en alojamientos. El pueblo está impregnado del carácter que le infunde haber sido, durante siglos, un territorio fronterizo entre la Europa otomana y la cristiana, y aderezado por sus caños de agua, sus higueras y sus parras. La tradición vitivinícola centenaria se mantiene viva en las **bodegas Garnet,** cuyos propietarios afirman ser la decimotercera generación de una saga de viticultores que abren sus puertas a visitantes. También interesante es la pequeña **playa de Pješačac,** de piedra y arena y con un pequeño embarcadero, a la que sólo se puede acceder a pie o en barca. El pueblo se encuentra a 4 km de Virpazar, conectado por la carretera P-16; a medio camino de ambas localidades hay un fantástico mirador al lago. Puede que sea más fácil encontrar alojamiento en la vecina **Boljevići,** donde han abierto varias eco-villas con vistas fabulosas.

MONASTERIOS DE LA RIBERA SUR DEL LAGO SKADAR ✶✶

Mucho más abrupta que la orilla norte, en la ribera sur encontramos las máximas profundidades del lago. Presenta una consecución de pequeñas calas en paralelo a una serie de islotes sobre los cuales encontramos monasterios ortodoxos que fueron construidos antes de la ocupación otomana. Estos, junto a los mencionados en el apartado de Vranjina, convierten al lago Skadar en una especie de Monte Athos montenegrino.

Por su relevancia y accesibilidad, cabe destacar tres complejos monumentales. El primero sería el

Winery Garnet
✉ Godinje.
☎ +382 67 355 535.
🌐 www.winerygarnet.com

▼ Panorámica del lago Skadar y su entorno.

▲ Monasterio de Beška.

monasterio de Starčeva Gorica, construido a partir de la década de 1370 en torno a la sencilla pero impecable iglesia románica de la Asunción, donde se pueden ver frescos de épocas recientes. Llegó a ser un importante centro de copistas e iluminadores de códices, como atestiguan los restos de su muralla. En caso de que aún haya ermitaños habitándolo, cabría esperar que no reciban al turista con la mejor de las sonrisas. El segundo probablemente sea el más fotografiado del lago, el **monasterio de Beška,** de finales del siglo XIV, con dos templos: la iglesia de San Jorge, de 1400, la mayor, y la de Nuestra Señora, de 1440, que durante la época otomana sirvieron como mezquitas. El monasterio se ubica sobre una de las islas de mayor tamaño de lago, justo frente a una de sus mejores zonas de baño, **la playa de Murići,** desde donde quienes viajen en coche quizá consigan una embarcación que les lleve hasta la isla. El tercero y último de esta selección es el bellísimo **monasterio de Moračnik,** de comienzos del siglo XV, que se mantuvo frágilmente en servicio hasta el siglo XVIII a pesar de la ocupación otomana, pero que desde la década de 1990 poco a poco vuelve a resplandecer.

Desde Virpazar, una excursión en barca que incluya estos tres templos podría superar las cinco horas, dependiendo de la velocidad de la embarcación y de las paradas que se hagan.

UN PASEO EN COCHE

Entre una costa dulce y otra salada

Distancia
100-125 km

Tipo
Circular

Salida y llegada
Virpazar

Duración
1-2 días.

Imprescindibles
- Virpazar y la fortaleza de Besac
- La localidad vinatera de Godinje
- La playa de Murići y el monasterio de Beška
- Stari Bar
- Visitar alguna bodega

Una franja de tierra de unos 12 km de ancho separa el mar Adriático del lago Skadar. Ambas masas de agua se encuentran prácticamente a la misma altitud, pero separadas por un territorio quebrado donde se alcanzan altitudes por encima de los 1.500 m. Enlazando las estrechas y retorcidas carreteras de montaña que se atreven por esta área, podemos trazar un singular viaje panorámico.

Con origen en **Virpazar,** la estrecha **P16** discurre en paralelo a la orilla suroccidental del lago, rozando en ocasiones los 500 m de altitud y ofreciendo vistas fantásticas. Es una buena alternativa para quienes quieren asomarse a los **monasterios ortodoxos** (▶104), del lago sin someterse a la lentitud de las embarcaciones. Como prueba de que estamos en un territorio históricamente fronterizo, avistaremos estos conventos ortodoxos desde poblaciones de mayoría albanesa presididas por minaretes.

Donji Murići es una de estas, cuyo mirador y playa son una interesante parada. Desde su

▼ Vista aérea de Virpazar.

arenal quizá encuentres un barquero que te acerque hasta el monasterio de Beška. Continuando hacia oriente, pasamos por las ruinas del **monasterio de Prečista Krajinska,** de finales del siglo X, que podría ser el templo más antiguo de Montenegro, fundado por Jovan Vladirmir, gobernador del estado medieval de Doclea. Muy cerca se encuentra un curioso grupo de pozos milenarios *(Bunari Boljevića)* en un castañar.

▲ La antigua iglesia de Santo Tomás en Limljani.

▌ Tras 40 km por la P16, el **mirador de Štegvaš,** ya prácticamente rozando Albania, marca el punto final de nuestro viaje en paralelo al lago Skadar. Aquí damos la espalda a la orilla de aguas dulces para poner rumbo hacia la orilla de agua salada.

Una vez pasamos Vladimir, podríamos continuar por la M2.4, dando un rodeo para visitar **Ulcinj** (▶80), o bien atajar, en la rotonda de Krute, poniendo rumbo a Dubrava y a **Bar** (▶74). A partir de aquí, las opciones se multiplican. Quienes le hayan cogido gusto a los carreterines panorámicos, pueden regresar a Virpazar vía Tudjemili y el puerto de Sutorman, a más de 800 m de altitud. Descendiendo, vale la pena reparar en la **iglesia de Santo Tomás** en Limljani, de los siglos XV-XVI, de la que cuenta la leyenda se deslizó por la montaña hasta su ubicación actual, y algo parece tener de cierto.

▌ Desde Bar, otra opción sería conducir en paralelo a la costa hasta **Sutomore** (▶73), donde quienes no quieran más curvas pueden tomar el túnel de peaje de Sozina (Созина) de regreso a Skadar. Pero los que todavía tengan ganas, harían bien en continuar hasta **Petrovac** (▶70) para, desde allí, tomar la carretera M2 (la alternativa al peaje de Sozina) y ascender por encima de los 600 m.

En el descenso pasaremos junto a una de las áreas vinateras más célebres del país. Valdría la pena desviarse hacia **Donji Brčeli** para visitar el encantador monasterio de San Nicolás, del siglo XV, pudiendo parar ya en alguna de las bodegas familiares que van apareciendo. Pero para rizar el rizo y poner la guinda a la ruta, podríamos continuar unos 15 km por un maltrecho carreterín hasta Graðani, donde se encuentran la **bodega Lipovac** (www.lipovacwines.com), una de las más célebres del país tanto por su producción como por su oferta enoturística, en torno a sus viñedos de Vranac en terraza.

La **esencia** de las **montañas** del **Norte**

Cañones profundos donde divertirse haciendo *rafting,* barranquismo o tirolinas, lagos glaciares de cuento con cabañas de madera a sus orillas donde pernoctar, praderas de alta montaña con enterramientos ancestrales, cumbres calizas descarnadas y monasterios evocadores repletos de frescos. Así es el *qué* del norte de Montenegro. El *quién* es gente hospitalaria y divertida que abre los brazos al turismo y lo surte con sus buenas carnes, truchas, quesos, mieles, licores…

Žabljak es la localidad de referencia para descubrir el norte. La manera más rápida de llegar desde el sur es a través de Nikšić, pero resulta más pintoresco viajar por la M2 en paralelo al río Morača para llegar a Žabljak por el valle del Tara previo paso por el Parque Nacional de Biograska Gora. Los hitos de este capítulo se han dispuesto en este orden, dejando para el final el cañón del Piva, por el que podrían regresar los amantes de las carreteras de montaña.

◄ El lago Bukumirsko que sirve de introducción al macizo de Prokletije.

▮ LAGO BUKUMIRSKO ＊

Este pequeño lago de montaña situado a 1440 m de altitud podría servir de escapada desde Podgorica para quienes no tengan tiempo de adentrarse en las montañas montenegrinas pero quieran asomarse a un aperitivo. Se puede llegar en coche haciendo el último kilómetro por un camino de tierra, y utilizarlo de plataforma para asaltar alguna cumbre.

▮ PARQUE NACIONAL PROKLETIJE (►36) ＊＊＊

▮ CAÑÓN Y MONASTERIO DE MORAČA (►31) ＊＊

▮ CAÑÓN DEL MRTVICA ＊＊

Es uno de los desfiladeros más bellos y desconocidos de los Balcanes, caracterizado por sus cascadas y pozas azul turquesa, sus puentes de madera, una vegetación espesa y una colección formaciones rocosas caprichosas que crean un ambiente de cuento de hadas. En paralelo al curso del río discurre un sendero asequible para cualquiera que esté acostumbrado a caminar por el campo. Parte desde la localidad de Međurijećje, a medio camino entre Podgorica y Kolašin, conectada con ambas por autobús. La opción más sencilla consiste en trazar un circuito de 9 km, con ida y vuelta por sendos márgenes del río. Sin embargo, merece la pena ir un poco más allá, trazando una ruta de 15 km en total hasta la "playa" (de piedras) previo paso por uno de los puntos más cotizados del sendero: **Mrtvičke Grede**, es decir, una vertiginosa repisa que, en el año 1973, el ejército yugoslavo excavó en una pared de roca para conectar las aldeas de Mrtvo Duboko y Velje Duboko. Al inicio de la ruta también destaca el **puente Danilov**, que ordenó construir el príncipe Danilo I en el año 1858 en honor a su madre. La ruta es especialmente interesante en verano y otoño.

Međurijećje
🚌 Varios autobuses diarios desde Kolašin (45 min) y Podgorica-Bioče (30 min).

▼ El cañón de Mrtvica está considerado uno de los más espectaculares de todo el país.

MONTAÑAS DEL NORTE

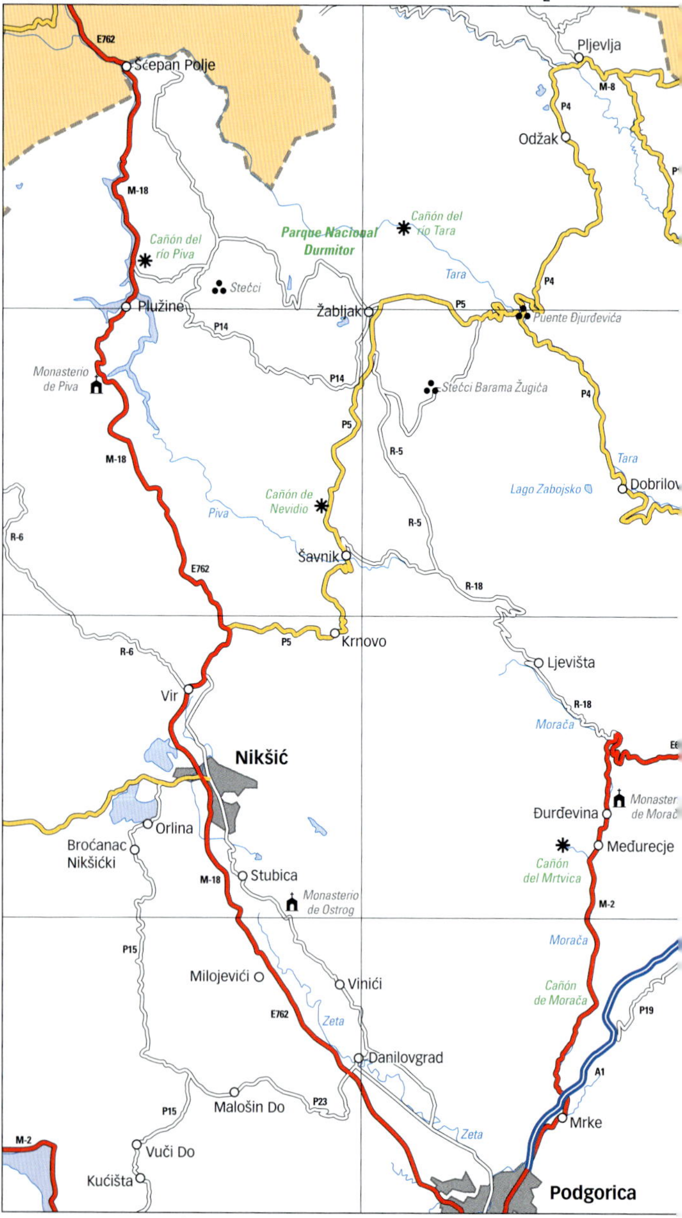

2

E762

Pljevlja

Šćepan Polje

M-8

P4

Odžak

P

M-18

A

Cañón del
río Piva

**Parque Nacional
Durmitor**

Cañón del
río Tara

Tara

Stećci

Plužine

Žabljak

P5

Puente Đurđevića

P14

Monasterio
de Piva

P14

Stećci Barama Žugića

P4

P5

M-18

R-5

Tara

B

Cañón de
Nevidio

Piva

Lago Zabojsko

Dobrilov

R-6

R-5

E762

Šavnik

R-18

P5

Krnovo

R-6

Ljevišta

R-18

Vir

Morača

E6

Nikšić

C

Đurđevina

Monaster
de Morač

Orlina

Međurecje

Broćanac
Nikšićki

Stubica

Cañón
del Mrtvica

M-2

M-18

Monasterio
de Ostrog

Morača

P15

Milojevići

Vinići

Cañón
de Morača

P19

E762

Zeta

A1

D

Danilovgrad

P15

Malošin Do

P23

Zeta

Mrke

M-2

Vuči Do

Podgorica

Kućišta

1

2

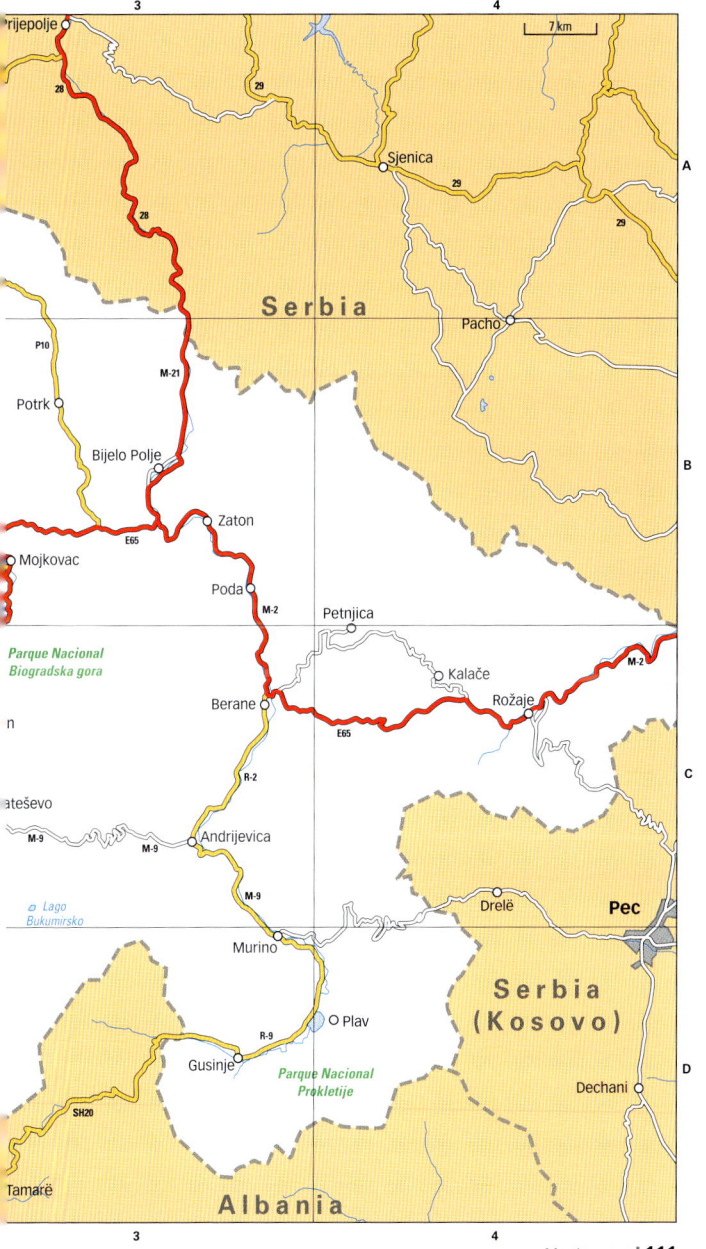

▲ El Parque Nacional
Biogradska Gora tiene
una superficie de 54 km^2.

KOLAŠIN ✳

Es la localidad de referencia para los deportes de invierno en Montenegro y un destino estival interesante porque se puede aprovechar la infraestructura de remontes para la práctica de ciclismo y senderismo. La línea ferroviaria Bar-Belgrado hace parada en el pueblo, habiendo cuatro conexiones diarias con Podgorica en un trayecto de 1,5 h aprox., aunque hay mayor frecuencia de autobuses. El dominio esquiable se encuentra a unos 10 km del pueblo, donde hay dos estaciones (**Kolašin 1600** y **Kolašin 1450**) que, desde el año 2022, están conectadas por un telesilla de 6 plazas que ha conseguido que el conjunto sume 45 km. Su cota máxima es de 2035 m. Estas estaciones se encuentran en la sierra de Bjelasica, que colinda con el Parque Nacional de Biogradska Gora, así que Kolašin es un buen punto de partida para conocer la zona oriental de esta reserva natural, con parajes como los lagos Pešića y Ursulovac, separados por el techo de esta sierra, el pico Crna Glava, con 2139 m.

PARQUE NACIONAL BIOGRADSKA GORA ✳✳✳

Alrededor del lago Biograd se conserva uno de los últimos bosques primarios de Europa, con ejemplares gigantescos de hayas, arces, fresnos u olmos que suman más de tres siglos de antigüedad, 40 m de altura y 1,5 m de diámetro en su tronco. Su visita merece la pena aunque solo sea para hacer el pequeño paseo de 3,5 km que rodea esta masa de agua situada a unos 1000 m de altitud, de unos 850 m de longitud y con una profundidad máxima de 12 m. En su parte más somera, es un humedal de montaña selvático que se transita sobre pasarelas de madera que permiten lidiar con las fluctuaciones de caudal. La ruta está interpretada y presenta algunos juegos infantiles. Otra opción más panorámica consiste en ascender los 7 km y 600 m de desnivel que distan hasta el mirador de Bendovac, junto a un refugio con bar. También cabe ascender 5 km y 700 m hasta las eco-cabañas de Goleš, un antiguo asentamiento estival de pastores.

Se puede llegar en coche hasta la orilla del lago previo pago de la tasa del Parque Nacional, el más pequeño de los cuatro que suma Montenegro. Aquí arriba hay un **centro de visitantes**, cabañas de madera donde alojarse, y un alquiler de bicicletas y de embarcaciones. Se accede por la carretera que conecta Kolašin y Mojkovac en paralelo al río Tara, por un desvío de 90 grados repentino y sin apenas señalización (un cartel de *Biogradsko jezero* colgado del puente que cruza el río), por lo que conviene estar atentos.

MOJKOVAC ✳

Localidad sin grandes atractivos que, sin embargo, es clave como bisagra entre el Parque Nacional Biogradska Gora y el Parque Nacional Durmitor. En el pueblo hay numerosos alojamientos y empresas turísticas en las que contratar actividades de aventura por el cañón. Junto al puente de piedra que cruza el río Tara, pasa desapercibido un insulso monumento de color blanco que recuerda la batalla de Mojkovac del 6 y 7 de enero de 1916, también llamada la de la Navidad Sangrienta (en el calendario ortodoxo la Navidad se celebra en esos días). La batalla se saldó con una derrota de las tropas serbias y montenegrinas frente al ejército austrohúngaro el día 25 de enero, pero el memorial recuerda dos días de defensa férrea en los que se causaron numerosas bajas austriacas y que permitieron una retirada ordenada hacia oriente.

CAÑÓN DEL RÍO TARA (▶32) ✳✳✳

MONASTERIO DE SAN JORGE ✳

Este coqueto monasterio de gran significado para el sentir nacional montenegrino tiene una ubicación encantadora y remota en el cañón del Tara. De estilo Rascia, con similitudes al monasterio de Morača, su nombre estaría relacionado con la abundancia: cuenta la leyenda que tenía un sistema de canalización de madera gracias al cual llegaba leche fresca de los prados directa al monasterio. Su primera mención data de 1592, cuando el gobierno otomano permitió su reconstrucción, pero se estima que existe desde el siglo XIII. Tuvo que ser reconstruido a mediados del XIX tras diversos ataques otomanos, tras lo que se convirtió en un importante centro espiritual y de disidencia política, con una escuela clandestina clave para el resurgimiento nacional, en la que el monje Mihailo Dožić a veces tenía que dar clase en las cuevas cercanas. Para visitar el interior hay que pedir la llave a las monjas que suelen estar trabajando en el huerto. Hay fragmentos de los frescos de 1613 entre los que destaca el pantocrátor de la cúpula.

LAGO ZABOJSKO ✳✳

A unos 1500 m de altitud, este pequeño lago glaciar encajonado entre montañas y un tupido bosque de coníferas es una joyita que, situada justo en el límite del Parque Nacional Durmitor, escapa un poco de las masificaciones. Para alcanzarlo hay que tomar una pista de tierra de montaña muy retorcida que nace junto al monasterio de Dobrilovina y asciende 700 m de desnivel en 8 km.

🚌 Desde Podgorica (trayecto de 1.30-2 h) y Bijelo Poje (30-40 min) parten varios autobuses al día.

✉ Dobrilovina.

Katun

Típica cabaña de madera en la que se refugiaban los pastores durante su campaña de verano en la montaña. Una red de estas construcciones les permitía tener una vida nómada pero con ciertas comodidades. A medida que el pastoreo trashumante desaparece y el turismo crece, los katuni van cobrando nuevas vidas o simplemente se funden con el paisaje. www.katunroads.me/en/ ofrece información sobre rutas temáticas.

⚠ En teoría sube cualquier coche, pero se recomienda un 4x4 o ir a pie. Arriba se alquila una cabaña (+382 69 520 223).

▲ Puente Đjurđevića sobre el río Tara.

▼ Iglesia del monasterio de San Miguel Arcángel.

PUENTE ĐJURĐEVIĆA ★★★

Si el cañón del Tara es el más grande de Europa, entonces este puente podría ser el mayor mercado de adrenalina del Viejo Continente. Para quienes viajan por la P4, el *road trip* en paralelo al cañón termina necesariamente en esta estructura, ya que más allá los acantilados son intransitables. Pero no es un final triste, sino uno festivo donde se escuchan las risas adrenalínicas de los que navegan los rápidos desde las profundidades del cañón, y las de los que se lanzan a 50 km/h por las tirolinas que lo cruzan, de casi 1 km. Esta estructura suma tantos metros de longitud como días tiene el año, se eleva 170 m sobre el río y cuenta con cinco arcos, de los cuales el mayor tiene un vano de 116 m. Precisamente este fue el que volaron los partisanos yugoslavos en 1942 para frenar a las fuerzas de ocupación italianas. Cuando se inauguró dos años antes, se convirtió en el puente de hormigón más grande de Europa, y hoy sigue siendo uno de los orgullos nacionales.

MONASTERIO DE SAN MIGUEL ARCÁNGEL ★

Paradójicamente casi nadie usa el gran puente salvo para regresar del viaje en tirolina, al menos los turistas. Y es que apenas sirve para visitar la insulsa Pljevlja (▶ 121), o para cruzar a Serbia. A quienes les pique la curiosidad, pueden utilizar este minúsculo monasterio románico de finales del siglo xv como pretexto para cruzar esta estructura y bajar a la otra orilla. Para hacerlo, a 1 km del puente hay que tomar el desvío siguiendo la señal de *Sv. Arhandel Mihailo* y bajar 200 m de desnivel por una pista de tierra de unos 3 km (se puede en coche, pero mejor a pie o en 4x4). Ubicado en una pequeña pradera idílica, permite descubrir la auténtica vida monacal montenegrina y, un poco más abajo, darse un baño viendo a las balsas pasar.

I LOS *STEĆCI* DEL ALTIPLANO ★★

Desperdigados por los rincones más remotos de los Balcanes, los *stećci* son lápidas monumentales de época pre otomana. De las treinta **necrópolis** que la UNESCO ha declarado Patrimonio de la Humanidad entre Bosnia, Croacia, Montenegro y Serbia, tres de ellas se encuentran en Durmitor y dos de ellas son fácilmente accesibles, quedando a pie de carretera. De no ser por las señales marrones de la UNESCO, podrían pasar por un montón de piedras. Son sencillas y sus relieves están muy deteriorados, por lo que podrían decepcionar a nivel artístico, pero puestas en el contexto del altiplano en que se ubican, entre praderas, lagunas y con las montañas de fondo, ganan mucho encanto.

▲ Los stećci Barama Žugića.

Se ubican entre el puente Đurđevića y Žabljak, pero no junto a la principal P5, sino dando un rodeo por una carreterita que nace y muere en dicha principal. Lo más sencillo es hacer una ruta de ida y vuelta desde Žabljak tomando la P5 hacia el sur y desviándose a la izquierda al cabo de unos 4 km, a la altura del restaurante Izvor. Sin embargo, aunque la carretera es peor, las panorámicas son mucho mejores viajando desde el puente: hay que subir unos 11 km por la retorcida carretera que nos saca del cañón y, nada más alcanzar la meseta, desviarse a la izquierda siguiendo las señales de *Njegovuda*.

Necrópolis

ℹ Información completa sobre las necrópolis en: www.stecciwh.org/locations/mng/

Así, la primera necrópolis es la de Bara Žugića, la más abundante y monumental. La segunda, más escasa pero con una ubicación idílica frente a un pequeño lago, sería la de Grčko Groblje, es decir, el "cementerio griego", que sería uno de los muchos nombres alternativos a *stećci* que la cultura popular le da a estas necrópolis de origen incierto. La guinda la ruta la pone el Vražje jezero, otro pequeño lago donde confluyen rebaños de ovejas, pescadores y bañistas. La tercera necrópolis, en las proximidades de Šćepan Polje, es pequeña y difícilmente accesible.

I ŽABLJAK ★

▼ Žabljak es la ciudad más alta de los Balcanes.

Justo a las puertas del Parque Nacional de Durmitor, situada a 1.450 m de altitud, la capital oficiosa de esta reserva natural presume de ser el asentamiento urbano más elevado al sureste de Europa. Se trata de una pequeña localidad de 2.000 habitantes que vive de los deportes de nieve, del *rafting* y del montañismo. Su casco urbano es el destino más cómodo para quienes viajen sin coche, adonde se puede llegar fácilmente en autobús y después moverse en taxi, contratando excursiones en agencias u hoteles, e incluso alquilando un vehículo (ver información

· · · · · · · ·
Taxi Žabljak
📞 Mirko Gagović:
    +38 269 046 76.
📞 Milan Vojnović:
    +38 269 595 272.
📞 Pavel Obradović:
    +38 269 064 201.
📞 ešehod Peko:
    +38 269 497 591.

· · · · · · · ·

Parque Nacional Durmitor
💶 5 € (por día y persona).
🌐 www.nparkovi.me/en/

Centro de Visitantes
🕐 8-16 h.
💶 Gratis.

▼ Lago Negro, el lugar más
  emblemático del Parque.

práctica). Más allá de la iglesia de la Transfigura-
ción de Dios (*Crkva Preobraženja Gospodnjeg*), de
1862 en estilo Rascia, con campanario de madera
e interiores saturados de frescos neobizantinos, no
presenta apenas atractivos monumentales, ya que
fue prácticamente arrasada durante las Guerras de
los Balcanes (las de principios del siglo xx) y durante
la Segunda Guerra Mundial, aunque se respeta una
arquitectura montañesa con cierto encanto.

❚ PARQUE NACIONAL DURMITOR ★★★
Si la bahía de Kotor es el gran destino montenegrino
de la costa, estas montañas de los Alpes Dináricos
lo son del interior. Cañones profundos, lagos glaciares, praderas de alta montaña y cumbres calizas
descarnadas conforman una reserva natural que,
en el año 1980, se convirtió en uno de los primeros
bienes Patrimonio de la Humanidad de la recién
inaugurada lista de la UNESCO. Cuando se habla
Durmitor, la gente normalmente se refiere al macizo
calizo situado al oeste de Žabljak, que emerge sobre
un altiplano a 1.500 m de altitud, y que alcanza su
techo en el Bobotov Kuk, a 2.523 m. Sin embargo, el
Parque Nacional también integra el cañón del Tara,
lo que hace que sus ecosistemas varíen enorme-
mente desde los 500 m de altitud del desfiladero.

La estrella indiscutible de esta reserva natural
es el **Lago Negro** (*Crno jezero*), situado casi a la
misma altitud que Žabljak, desde donde se puede
llegar desde esta dando un paseo de 3 km que pasa
junto al **Centro de Visitantes** del parque, o bien
acercarse en coche para ahorrarse 2 km, aunque
el aparcamiento es de pago y se colapsa. Una vez
en la orilla, con vistas al majestuoso Bobotov Kuk,
un sendero idílico de 3 km recorre el perímetro

de este lago que en realidad son dos, y en cuyas inmediaciones hay varias atracciones para familias.

Otra opción asequible consiste en caminar hasta el **mirador de Ćurevac,** con una de las mejores panorámicas a la zona más profunda del cañón del Tara. Se puede ir andando desde Žabljak (7 km y 300 m de desnivel) o acercarse en coche siguiendo las señales de *Nadgora* hasta un aparcamiento que queda a 1 km y 100 m de desnivel del mirador. Al sur de Žabljak, los telesillas de la estación invernal de **Savin Kuk** (abierta en verano) ascienden hasta 2200 m para permitirnos conquistar, sin apenas esfuerzo, la cumbre homónima situada a 2.313 m de altitud. Para ello hay que enlazar dos remontes cuyo ascenso se prolonga unos 25 min.

Quienes busquen retos más ambiciosos pueden lanzarse al techo del parque, **Bobotov Kuk** (2.523 m), una cumbre asequible en cuya parte final hay que hacer alguna trepada levemente expuesta, donde se han instalado cables de acero. Se puede subir desde el Lago Negro en una ruta de unos 9 km con 1.100 m de desnivel, o desde el **puerto de Sedlo,** con 6 km y 700 m de desnivel. Este puerto, además de un paraje con unas vistas fabulosas, es la llave para adentrarse en las profundidades el macizo a través del **Anillo de Durmitor** (▶34).

El acceso al parque teóricamente es de pago, aunque la única garita fija de cobro es la del Lago Negro. Si, tras haber accedido por alguna entrada sin garita, un guarda nos solicitara la entrada, en principio bastaría con explicar la circustancia y pagarle a él, aunque si se va a pernoctar en el parque, merecería la pena realizar el trámite online para evitar mayores problemas.

| EL ANILLO DE DURMITOR (▶34)   **★★★**

Telesilla de Savin Kuk
🕑 10-16 h.
🎟 10 €.

▼ Construcción típica de Durmitor.

▲ Sobre estas líneas, los Cañones de Nevidio (arriba) y del del río Piva (abajo).

Actividades en el Cañón Nevidio
- Pošćenje.
- 4-5 h.
- 110-130 €.
- nevidio-canyoning.com
  durmitoradventure.com
  balkanadventure.me

Monasterio de Piva
- Goransko.
- Del amanecer al anochecer.

╎ CAÑÓN DE NEVIDIO ★★

El barranco de los barrancos en el país de los barrancos se ubica al sur de Durmitor, fuera ya de los límites dell Parque Nacional, entre este y Nikšić. Su nombre está relacionado con la "invisibilidad" de sus aguas, las del río Komarnica, que se pierden por las profundidades de una brecha estrecha y profunda de unos 3,5 km que solo se puede recorrer en compañía de un guía de montaña y pertrechado con neopreno, cuerdas y casco. Su paso más famoso, la Puerta Kamizake, es un corredor de 80 m de largo con un punto que apenas tiene 25 cm de anchura, y su salto de mayor altura es una vertical de 10 m. A pesar de todo, se considera una actividad para casi todos los públicos. La localidad de Šavnik, a los pies de una carretera de serpentina, podría ser un punto idóneo para pernoctar y buscar empresas que ofrezcan dicha actividad, aunque se recomienda reservar con antelación.

╎ CAÑÓN DEL RÍO PIVA ★★★

El segundo gran cañón de Montenegro acota el macizo de Durmitor por occidente. Su curso no es virgen, como el del Tara, ya que tiene una gran presa en su parte central, y ofrece muchas menos posibilidades turísticas, pero como contrapartida, presenta una carretera panorámica increíble que lo recorre por completo. Conduciendo desde Nikšič por la M-18 hacia el norte, la primera toma de contacto con el cañón se produce en **Plužine,** con buenas vistas al lago de Piva (*Pivsko Jezoro*), que en realidad es un embalse encajonado entre montañas de 42 km de longitud. Plužine es una localidad insulsa pero de ubicación privilegiada, cuyo principal atractivo está en el puerto deportivo, desde donde, entre abril y octubre, salen excursiones en barco por el pantano y se alquilan kayaks. Los interesados harían bien en reservar con antelación, aunque en temporada alta podría bastar con bajar al puerto para encontrar una embarcación.

A partir de Plužine, la M-18 continúa junto a la orilla del pantano durante 17 km fascinantes donde las panorámicas se intercalan con pasos por túneles sin iluminar y excavados en la roca viva. Así se alcanza la **presa de Mratinje,** cuyo arco de hormigón es uno de los mayores de Europa, de 220 m de altura, 40 m de ancho en la base y 269 m en la parte superior. El embalse tiene capacidad para 800 milllones de m^3, siendo la mayor reserva de agua dulce de la península de los Balcanes. Otros 3 km separan la presa del **puente de Mratinje,** que son precisamente los más espectaculares del recorrido, cuando el río ya discurre libre por las profundidades del cañón. Pasado el puente unos 300 m, hay un pequeño hueco para dejar el coche y así poder tomar unas fotos del espectacular entorno. Más allá, a 7 km se encuentra la localidad fronteriza de **Šćepan Polje,** donde confluyen el Piva y el Tara para engendrar al Drina, y desde donde se organizan los *raftings* más afamados por la zona. Nada más pasar el puesto fronterizo montenegrino, pero sin salir del país, se puede tomar una pista que sube 4 km hasta el **monasterio de Zagradje,** consagrado a San Juan Bautista, de principios del siglo xv, con buenos frescos y vistas al valle. Del lado bosnio, conduciendo por una pista en paralelo al Drina, también hay montones de campamentos de *rafting.*

De regreso a Plužine, justo antes de cruzar el puente del pantano, a la izquierda aparece una señal que indica *Durmitor.* Tomando ese desvío, nos adentramos en una carretera inverosímil que trepa por el acantilado haciendo curvas de herradura en el interior de túneles de roca viva. La experiencia, solo para conductores con aplomo, es la llave mágica que enlaza el cañón del Piva con el **Parque Nacional Durmitor** (▶116) y el **Cañón del Tara** (▶33).

| MONASTERIO DE PIVA ✶✶

La presa de Mratinje iba a inundar este templo, uno de los monasterios más valiosos del patrimonio montenegrino, así que en 1982 decidieron trasladarlo piedra a piedra 3 km ladera arriba, junto a la carretera M-18, unos 10 km antes de llegar a Plužine desde el sur. Así se explica cómo su sillería exterior luce resplandeciente, a pesar de que la fisionomía del templo parece medieval, con muros ciegos y gruesos. Su construcción data, sin embargo, de finales del siglo xvi; presume de haber sido la mayor iglesia ortodoxa serbia construida durante la ocupación otomana. La visita merece particularmente la pena por sus pinturas murales de principios del xvii, que aunque no están tan bien conservadas como las de Morača, tienen poco que envidiarles, particularmente las del nártex, donde se representa el Tránsito de la Virgen, al que está consagrado el templo. También alberga un pequeño tesoro donde destaca un salmo de la imprenta de Cetiña de 1495. En un emplazamiento idílico y sorprendentemente poco concurrido, el templo lamentablemente no está orientado al turismo y carece de información sobre su patrimonio, por lo que sería una gran idea acercarse a verlo con un guía. Desde la carreta, las señales están en cirílico: Пива.

Excursiones en barca

✉ Piva Explorer.
☎ +38268804468
+38269669932.
✉ Piva Lake Boat Trip.
☎ +38269750360
+38263460067.

Alquiler y excursiones en kayak

✉ Park Piva.
☎ +382 40 270 069
+382 69 635 412.
🖳 http://parkpiva.com

▲ Decoración del interior del monasterio de Piva.

UNA RUTA EN TREN

El pequeño expreso de los Balcanes

Distancia
476 km

Tipo
Lineal

Punto de Partida
Bar/Podgorica

Punto de Llegada
Belgrado

Duración
11 h

❚ La línea ferroviaria Belgrado-Bar es una obra de ingeniería tan espectacular y sobrecogedora, como tortuosa y problemática. No alcanza los 500 km de recorrido, pero tardó en construirse un cuarto de siglo. Recorrerla puede constituir uno de los grandes atractivos balcánicos para los amantes de los viajes en tren, siempre que estén dispuestos a disfrutar de un viaje lento y panorámico.

La línea conecta la capital de Serbia con el principal puerto marítimo de Montenegro en un trayecto de 11 h que atraviesa el terreno típicamente escabroso balcánico, con tramos que discurren en paralelo a los cañones de los ríos Morača, Tara o Lim. Su punto más icónico es el viaducto de Mala Rijeka, con casi medio kilómetro de longitud y 200 m de altura. Entre 1973 y 2001 tuvo el honor de ser el puente ferroviario más alto del planeta.

❚ De los 476 km que suma la línea, 175 son montenegrinos y 301 serbios. Aproximadamente un 25% del trayecto (unos 115 km) transcurre bajo túneles, con un total de 254 unidades. Sin embargo, ese alto porcentaje de oscuridad se ve compensado con las espectaculares panorámicas que se consiguen durante el resto del trayecto, y particularmente durante los 14 km que, en total, se recorren sobre puentes y viaductos, que suman un total de 435 unidades.

La vía, que por momentos se interna en Bosnia, es un proyecto de aquella Yugoslavia unificada de Tito. El dictador la inauguró en 1976 y la recorrió sobre su célebre Tren Azul, con el que viajó más de 600.000 km y en el que se embarcaron mandatarios de todo el mundo, como la mismísima Isabel II de Inglaterra. Al final de la línea, en Belgrado, podemos visitar el mausoleo de Josip Broz Tito, en la Casa de las Flores, donde hay una exposición dedicada a su lujoso tren.

❚ La autovía que unirá Podgorica con Belgrado lleva más de una década en proceso de construcción y todavía cabe esperar algunos años hasta completar el tramo sur de Serbia y norte de Montenegro. Aun así, el coche prácticamente divide entre dos el tiempo del tren, que además no es raro que tenga retrasos, por lo que esta vieja y romántica vía podría estar condenada a muerte.

| BIJELO POLJE ✱

La cuarta ciudad del país, situada próxima a la frontera con Serbia, raramente se incluye en ningún circuito turístico. Su nombre significa "campo blanco", aunque hasta 1912 era conocida con su nombre turco de Akovo, ya que hasta ese año perteneció al Imperio Otomano, siendo una de las más novedosas incorporaciones a Montenegro. Llama la atención por su fisionomía poblacional, con alrededor de un 55% de ortodoxos (de mayoría étnica serbia y minoría montenegrina) y un 45% de musulmanes (con mayoría étnica bosnia, y parte albanokosovar). El *Territorio Comanche* de Arturo Pérez Reverte, que narra las memorias del periodista en la Guerra de Yugoslavia de la década de 1990, arranca con el camarógrafo Márquez tratando de filmar la detonación del puente de esta ciudad.

| PLJEVLJA ✱

Esta localidad minera al norte de Montenegro queda fuera de los circuitos turísticos más habituales, siendo apenas visitada por quienes, desde el **puente Durđevika**, viajan hacia parajes como el parque nacional serbio de Tara, o hacia la localidad bosnia de Višegrad. Se trata, en cualquier caso, de una de las una de las ciudades más pobladas del país, famosa entre otras cosas por ser producir dos de sus quesos más valorados, el *prljo* y el *pljevaljski sir*, y particularmente por su **mezquita del Bajá Hussein** (*Husein Pašina Džamija*), construida a finales del siglo XVI, que presume de ser uno de los templos islámicos más bellos de Montenegro con uno de los minaretes más altos de los Balcanes, con 42 m. También merecería una visita el cercano **monasterio de la Santísima Trinidad** (*Manastir Sveta Trojica*), con uno de los tesoros más valorados de la ortodoxia serbia, así como el **museo regional de Pljevlja** (*JU Zavičajni Muzej Pljevlja*). A las afueras, el mirador de los **meandros del Ćehotina** es una de las grandes estampas del norte de Montenegro.

¿Sabías que...?

Cruzando a Serbia por el extremo nororiental de Montenegro, encontramos **Stari Ras**, el lugar de nacimiento de la nación serbia y de su Iglesia. Hoy es solo es un yacimiento, pero a su alrededor hay monasterios muy valiosos como el de Sopoćani, Djurdjevi Stupovi, Gradac o Studenica, Patrimonio de la Humanidad. Son todos exponentes de la escuela arquitectónica de Rascia o Raška, surgida en torno a los siglos XII y XIII, y que definió cómo serían los templos de Montenegro.

• • • • • • • • •

Museo regional de Pljevlja
🕐 L-V: 10-14 h.
💶 3 €.
🌐 www.muzejpljevlja.com

▼ A la izquierda, monasterio de la Santísima Trinidad. Abajo, mezquita del Bajá Hussein.

Dónde...

Restaurantes

HERCEG NOVI

Konoba Feral
✉ Vasa Čukovića,4.
☎ +382 31 322 232.
🖝 www.konobaferal.com
Junto al Forte Mare, local con ambientación marinera y especialidad en pescados, que resultan razonablemente buenos en su calidad-precio teniendo en cuenta la demanda ubicación.

Tri lipe
✉ Stepenište 28 oktobra
☎ +382 31 321 107.
También junto al puerto, es uno de los más concurridos, con un menú extenso de mar y montaña. Parrilla.

Gradska Kafana
✉ Njegoševa, 31.
☎ +382 31 321 066.
🖝 www.gradskakafana.me
La "cafetería municipal" es toda una institución situada en elegante pabellón de estilo modernista vienés, asomándose al mar. Tiene espíritu diurno, pero al caer la noche de los fines de semana de verano puede tener incluso actividades culturales.

PERAST

Verige 65
✉ Kostanjica bb Kotor.
☎ +382 67 656 575.
🖝 verige65.com
A medio camino de Herceg Novi y Perast, con vistas al estrecho de Verige y un punto elegante, amplio menú de cocina internacional sin mucho arraigo a la tierra pero de calidad.

Lokanda
✉ Marka Martinovica.
☎ +382 67 485 785.
Pizzería y restaurante junto a la orilla para comidas un poco más asequibles sin prescindir de los encantos del centro de Perast.

Conte
✉ Obala Kapetana Marka Martinovića.
☎ +382 67 257 387.
🖝 hotelconte.me
Afamado restaurante y hotel en el corazón del casco viejo, con un menú mediterráneo que pone el foco en la materia prima y en su carta de vinos.

Stari Mlini
✉ Ljuta BB, Dobrota.
☎ +382 32 333 555.
🖝 www.starimlini.com
Entre Perast y Kotor, los "viejos molinos" presume de comida fresca, bio y de proximidad, pero cuyo verdadero gancho es una ubicación idílica, en la desembocadura del Ljuta en la bahía.

KOTOR

BBQ Tanjga
✉ Njegoševa.
☎ +382 69 863 836.
El reino de la carne a la brasa, con los clásicos *ćevapi* de los Balcanes a buenos precios, además de otra multitud de cortes. Saliendo del casco amurallado hacia la zona nueva. Precios muy competitivos.

Pržun
✉ Stari grad, 397.
☎ +382 69 343 061.
🖝 www.przun.me
Buena relación calidad-precio en un local donde se siente el pasado veneciano de Kotor. Platos sencillos pero con un punto original. Se puede hacer sobremesa con *rakija*.

Konoba Scala Santa
✉ Trg Od Salate.
☎ +382 67 393 458.

Uno de los clásicos locales con decoración entre lo rústico y lo marinero para ofrecer platos tradicionales como guisos de pescado y marisco, además de arroces y pastas.

Cesarica
✉ Stari grad, 375.
☎ +382 69 049 733.
En el casco viejo pero algo apartado del trajín, un restaurante con especialidad en pescados y mariscos situado en un edificio histórico con un interior de interesantes bóvedas.

Galion
✉ Šuranj bb.
☎ +382 67 263 420.
🖝 www.galion.me
Elegante restaurante panorámico con vistas al puerto y casco viejo de Kotor. Depurado menú de autor.

LUŠTICA
La mayoría de opciones se concentran en la bahía de Luštica, donde abundan los buenos restaurantes con bodega, vistas al mar e incluso playas privadas.

Ribarsko Selo
✉ Žanjic.
☎ +382 69 101 803.
Puede que sea la opción más aceptable de la zona de playas que hay frente a la isla de Mamula, con muchos chiringuitos frente a la playa un poco insulsos.

Adriatic Rose
✉ Rose.
☎ +382 69 217 122.
🖝 www.adriatic-rose.me
Agradable local abierto en temporada de verano que presenta las capturas de pescado fresco para elegir; también arroces, especialidades de calamar, algo de carne, ensaladas y vinos.

Vocabulario

En Montenegro, la gastronomía es una mezcla sabrosa de tradiciones balcánicas y mediterráneas. Si visitas el país o simplemente te interesa su cultura, conocer algunas palabras básicas relacionadas con la comida te será muy útil, ya sea para entender un menú, hacer un pedido en un restaurante o tener una conversación con personas locales sobre sus costumbres culinarias.

En el restaurante

Carta/menú	jelovnik	La cuenta	račun

Comidas

Carne	meso	Pescado	riba
Fruta	voće	Verdura	povrće
Bebida	piće	Comida	hrana (alimento)
Desayuno	doručak	Comida	ručak
Cena	večerati	Aperitivo/entrante	predjela
Postre	desert	Plato	jelo

Ingredientes

Hljeb	pan	Jaje	huevo
Maslina	aceite	Mleko	leche
Sir	queso	Šećer	azúcar
Sol	Sal		

Frutas y verduras

Jabuka	manzana	Jagoda	fresa
Krastavac	pepino	Kruška	pera
Malina	frambuesa	Paprika	pimiento
Paradajz	tomate	Pasulj	Judías
Patrika	pimiento	Pečurke	setas
Smokva	higo	Šljiva	ciruela
Trešnja	cereza	Višnja	guinda
Zelena salata	lechuga		

Carnes

Ćufte/ćuftice	albóndigas	Ćuretina	de pavo
Govedjna	de vaca	Jagnjetina	de cordero
Kobasica	salchicha	Piletina	de pollo
Ražnjići	brocheta	Šunka	jamón
Svinjetina	de cerdo	Teletina	de ternera

Pescados

Jegulja	anguila	Lignje	calamares
Losos	salmón	Mušlje/dagnja	mejillones
Morski plodovi	marisco	Pastrmka	trucha
Sardele	sardinas	Škampi	gambas

Postres

Baklava	dulces de herencia otomana	Krempita	hojaldre con crema
Palačinke	crepes rellenos	Priganice	buñuelos fritos
Tufahija	manzana cocida con nueces		

Preparaciones

Caliente	toplo	Casero	domać
Dulce	slatko	Frío	hladno
Frito	pržene	Pastel	kolač
Parrilla	na žaru	Salado	slano
Sopa	čorba		

BUDVA

Kužina
✉ 20 Novembra.
☎ +382 68 666 693.
Cocina tradicional a precios competitivos, más carnívora que marinera, en una zona de hoteles y apartamentos alejada de las playas.

Konoba Bocun
✉ Mimoza, 177.
☎ +382 69 514 879.
🖰 www.konobabocun.com
En la línea de Kužina pero más rústico, para algunos es mejor en su relación sabor-precio.

Piano Nobile
✉ 7 Cara Dušana.
☎ +382 69 278 394.
En el casco viejo, es famoso por sus hamburguesas, aunque tiene un menú de platos internacionales bien cuidados.Con un punto elegante y buenos precios.

Jadran
✉ Slovenska Obala.
☎ +382 68 033 180.
🖰 restaurantjadran.me
En la zona del puerto deportivo, de hecho la terraza se pone directamente sobre un muelle. Es un clásico local de gran tamaño con especialidad en pescados y mariscos con ambientación entre lo marinero y el mundo de las motos.

Citadela
✉ Stari Grad Budva.
☎ +382 67 053 153.
🖰 citadelabudva.com
Con la terraza situada sobre un bastión de la fortaleza de la ciudad vieja, restaurante y coctelería donde se paga la calidad de la materia prima, la preparación refinada y la ubicación.

Vista Vidikovac
✉ Bb Jadranski Put.
☎ +382 69 180 180.
🖰 www.vistavidikovac.com

"El mirador" se sitúa en una torre que ofrece vistas a la bahía con la ciudad vieja en primer plano. La panorámica sube considerablemente los precios de un menú que podría ofrecer un poco más, pero que ni mucho menos estropea la experiencia.

BAR

Knjaževa Bašta
✉ Jovana Tomasevica, 55.
☎ +382 30 312 601.
🖰 www.knjazevabasta.com
Situado en la ciudad nueva, se enclava en una ubicación inmejorable: el antiguo invernadero del jardín de invierno del palacio del Rey Nicolás. Escenario con tintes palaciegos que ofrece platos mediterráneos, buenos pescados y una extensa carta de vinos locales y licores.

Konoba Bedem
✉ StaroBarska Čarsija, Stari Bar.
☎ +382 69 666 336.
Junto a la muralla de la Vieja Bar, coqueta casa rústica mediterránea con matices orientales. Gastronomía local en formatos surtidos perfectos para compartir y probar de todo. Salón de invierno y terrazas de verano a la sombra de un olivo. También es tienda de vinos, aceites, miel…

ULCINJ

Taphana
✉ Kalaja Ulqinit.
☎ +382 69 235 161.
Referente local por ser uno de los restaurantes que más ganas y mimo le pone a un menú con raíces en la tierra pero con toques originales y personalidad. En pleno casco viejo.

Konoba Barutana
✉ Stari Grad.
☎ +382 69 213 143.
Pescados y vistas al mar.

Fisherman Hari
✉ Stari Grad.
☎ +382 63 489 585.
Como el establecimiento anterior, pero con mejor orientado a la puesta del sol.

LAGO SKADAR

Boat Restaurant Silistria
✉ Virpazar.
☎ +382 68 573 686.
Establecimiento ubicado en un barco de madera atracado en el embarcadero del canal que da acceso al lago Skadar. Para probar carpa, trucha o anguila. Preparan también unas curiosas aceitunas fritas empanadas con sésamo.

CETIÑA

Kole
✉ Bulevar Crnogorskih Junaka, 12.
☎ +382 69 606 660.
🖰 www.restaurantkole.me
A 5 minutos a pie desde el Museo Nacional, en dirección al centro de la ciudad nueva, tiene un punto elegante pero muy buena relación calidad-precio; platos del recetario tradicional dando protagonismo a las carnes. Oferta una amplia carta de vinos montenegrinos.

Restoran TavèRna
✉ 61 Baja Pivljanina.
☎ +382 69 502 503.
🖰 www.restorantaverna.me
Muy próximo al Kole, con una decoración rústico, una cocina algo más sencilla pero con precios bastante competitivos.

National Restaurant Belveder
☎ +382 67 569 217.
A las afueras, en una casa de campo de piedra, un clásico con todo el recetario más tradicional de la comida del país.

PODGORICA

Konoba 'Lanterna' Podgorica
✉ Kralja Nikole, 36.
☎ +382 67 663 163.
🖰 www.lanterna.me

Situado en el casco viejo de la ciudad, evoca una construcción tradicional de época otomana, de piedra y madera pero con toques modernos. Extenso menú con clásicos nacionales e internacionales en raciones generosas. Agradable terraza en el patio.

Na Moraču plažni Bar
✉ Morača bb, Podgorica.
☎ +382 69 514 000.

Chiringuito situado en una playa fluvial, bajo el puente de Moscú y con vistas al del Milenio. Ideal para noches de verano, pero también para la poco habitual oportunidad de bañarse en una playa fluvial de aguas cristalinas en una capital europea. Organizan conciertos y diversas actividades culturales.

NIKŠIĆ-OSTROG

Koliba Bogetici
☎ +382 67 888 189.
🖰 koliba.me

Restaurante y alojamiento panorámico en la carretera que une el monasterio de Ostrog con Nikšić. Cocina nacional de montaña con algo de internacional. Hay parrilla.

Lounge Bar Piatto
✉ Bulevar Vuka Micunovica.
☎ +382 68 061 666.
🖰 piatto.digitalnimeni.com/en/

Local amplio y moderno situado en el centro de la segunda ciudad del país, con un menú internacional muy extenso y muy bien cuidado.

MONTAÑAS DEL NORTE

Crkvina

Bare
☎ +382 67 870 132.

Al coronar el puerto que separa el monasterio de Morača de Kolašin, restaurante de carretera con especialidad en cordero asado y una terraza con vistas espectaculares al cañón del Morača. Si llueve o hace frío, es mejor opción el restaurante Vidikovac, situado 300 m antes de este, con un menú muy similar pero con terraza techada y comedor con vistas.

Most
✉ Polja b.b, Mojkovac.
☎ +382 69 290 368.

Restaurante sencillo al pie de la carretera, para tomar fuerzas justo antes de empezar a recorrer el cañón del Tara desde Mojkovac. Trucha, carne con setas…

Savardak
✉ Bb 81210.
☎ +382 69 051 264.

Cerca de Kolašin, más allá de Smailagića Polje, es toda una experiencia comer en esta cabaña tradicional de madera donde sirven guisos típicos.

Vodenica
✉ Kolašin.
☎ +382 69 241 507.

Casa de comidas de ambientación rústica y platos tradicionales cerca del centro de la co-capital de los deportes de montaña.

Šerpas
✉ Boška Rašovića, Kolašin.
☎ +382 68 397 970.
🖰 sherpaskolasin.me

Restaurante moderno con platos nacionales revisitados y mimados en su presentación, bajo unos apartamentos interesantes.

Shambhala Bakery & Restaurant
✉ 27 Vuka Karadžića, Žabljak.
🖰 www.shambhala.me

Establecimiento que se aparta de la estética montañesa y se orienta a lo urbanita y cosmopolita. Su especialidad son los pasteles dulces y salados, pero también ofrecen huevos y algún guiso interesante de degustar.

Or'o
✉ Njegoševa, Žabljak.
☎ +382 69 406 210.
🖰 www.restaurantoro.me

Buena calidad-precio en un amplio café-restaurante de grandes ventanales, donde desayunar contundente antes de un día de montaña, donde comer a la vuelta o donde tomar copas después de esquiar. Especialidades de ternera, cordero, trucha…

Gnijezdo
✉ Šavnik.
☎ +382 67 010 674.

Taberna rural situada justo a la entrada del cañón del Nevidio para tomarse una trucha o carne a la brasa después de un día de aventura, o simplemente de camino entre Nikšić y Durmitor.

Restoran Sočica
✉ Plužine.
☎ +382 67 059 061.

Platos típicos montañeses con vistas al lago de Piva. Junto al embarcadero de Plužine y a una resplandeciente iglesia ortodoxa.

Zvono Jazz Restaurant
✉ 30 Lazara Sočice, Plužine.
☎ +382 69 471 893.

Para los que duerman en el cañón del Piva, carnes y truchas en un local con aires de espacio cultural urbano, pero que no pierde de su esencia montañesa.

GASTRONOMÍA

Como sus paisajes, la gastronomía montenegrina cambia casi con cada kilómetro. En la bahía de Kotor se siente la impronta dálmata en sus pastas y risottos, y son típicas las frituras, sopas y guisos de pescado y marisco. En la costa sur se perciben influencias griegas y turcas en sus aceites, ensaladas, quesos o dulces. Y en el norte las notas son más eslavas, con muchos guisos de montaña, el típico *ćevapi* o *ćevapčići* (rollos de carne picada) de los Balcanes y la trucha de sus ríos vírgenes, mientras que los corderos asados (*jagnjeće pečenje*) forman parte del paisaje porque los utilizan como reclamo los restaurantes de carretera.

Uno de los orgullos nacionales también es montañés: el *Njeguški pršut*, un jamón curado con sal marina, ahumado y secado en las laderas del mítico monte Lovćen. Cuando un plato lleva el apellido Njeguški (la casa real de Montenegro) suele ser sinónimo de tradición. De hecho, uno de los quesos más apreciados es el *sir Njeguški*, de oveja, graso y de pasta dura con tonos amarillos, que se madura durante tres meses entre los aires de mar y montaña del mismo monte. A medida que nos acercamos a Albania, aparecen grandes extensiones de olivares. Algunos son muy antiguos, y es que aquí se perfecciona una cultura del aceite de oliva (*maslinovo ulje*) y de la aceituna (*maslina*) desde tiempos ancestrales. Esta región costera también destaca por sus cultivos de frutas mediterráneas (granada, naranja, higo, membrillo…) y su variada producción de queso de cabra. Los *priganice* son unos buñuelos típicos de la zona que se sirven con este queso, miel y aceitunas.

En el entorno del lago Skadar se aprovecha el pescado de agua dulce. Es típica la *ukljeva* (un tipo de alburno endémico) ahumada con brasas de sauce blanco, la sopa de carpa (*šaran* o *karp*) y anguila (*jegulja*) en distintas preparaciones, aunque es una especie sometida a mucha presión por la pesca. A orillas del gran lago también aparece la región vitivinícola de Crmnica, con variedades propias interesantes un enoturismo en auge.

▌Quesos

Suelen ser blancos y de pasta dura, aunque Montenegro siempre sorprende. Los hay de vaca (*kravlji*) en las zonas más montañosas, y de oveja (*ovčiji*) y cabra (*kozji*) en la región más próxima a la costa; blanco (*beli*), amarillo (*žuti*) o azul (*buđavi*), pudiendo ser tierno (*mladi*), curado (*zreli*) o viejo (*stari*), y cremoso (*krem*) o sólido (*tvrdi*). Además del *Njeguški*, otro de los más característicos es el *Pljevaljski sir*, un queso de oveja

blanco y graso, sin corteza, de textura semiblanda y sabor intenso a pesar de su maduración breve que se presenta en lonchas gruesas. De la misma región, el *Prljo* es un queso blanco de leche de vaca y/o oveja de pasta dura pero sin corteza, de larga maduración, poco graso al ser en realidad un subproducto lácteo, salado y con un toque amargo. También típico del norte es el *Kolašinski lisnati sir*, un queso blanco de vaca presentado en lonchas imperfectas. El queso de Bar (*barski sir*) tiene muy buena fama, aunque no es un tipo, sino más bien una tradición; suelen ser de cabra y en diversas modalidades.

▮ Vinos y licores

La rakia (*rakija*) es el licor por excelencia de los Balcanes, una bebida destilada a partir de zumos de frutas fermentados, cuya graduación alcohólica suele oscilar entre el 40 y el 60%. Es especialmente popular el de ciruelas (*šljivovica*), aunque se hace también con cerezas, melocotones, peras… En condiciones normales es incoloro, salvo que se le añadan hierbas o madure en barricas. Se suele beber en vasitos de unos 30 a 50 ml. El vino también tiene cierta tradición y el enoturismo está en auge en zonas vitivinícolas como las montañas que separan el lago Skadar, del mar Adriático, con sus viñedos en terraza, o en las llanuras de ancestral Zeta, junto a la capital Podgorica. El orgullo nacional es la variedad tinta local Vranac, con la que suelen producir tintos secos, aunque también cabe destacar la variedad tinta Kratošija, y particularmente la Krstač, con la que hacen blancos secos; en cualquier caso, también se utilizan ampliamente variedades como Cabernet Sauvignon, Chardonnay o Merlot. Uno de los productores de referencia son las bodegas Plantaže (www.plantaze.com), que organiza catas en distintas modalidades en las proximidades de Podgorica, aunque hay opciones más remotas y pintorescas.

▮ Platos típicos

Buzara. Plato de mariscos preparado con salsa de tomate, ajo y perejil.

Ćevapi. Rollos de carne hechos en brochetas a la brasa al estilo kebab persa. Un clásico de los Balcanes también llamado ćevapčići que se sirve a menudo con *kajmak*.

Čorba. Término que engloba sopas, guisos y estofados. La más típica es la de pescado (*riblja*).

Japraci. Rollos de col rellenos de carne de ternera con arroz, hervidos o a la sartén.

Skorup o Kajmak. Lácteo a medio camino entre la nata y el queso. Toda una institución en los Balcanes.

Kačamak. Gachas de harina de maíz servidas con mantequilla y queso blanco. Se comen solas o como guarnición.

Karađorđeva šnicla. Filete de cerdo o ternera enrollado, relleno de *kajmak*, empanado y frito.

Kaštradina. Carne de cordero castrado curada en sal y ahumada.

Pašticada. Guiso de ternera braseada en salsa agridulce a base de verduras y *prošek*.

Popeci o popek. La versión montenegrina del flamenquín cordobés: filetes de cerdo enrollados, rellenos de jamón y empanados. Se sirven cubiertos de *kajmak*.

Šopska salata. Típica ensalada balcánica.

Alojamientos

Los hoteles al uso son un bien escaso, especialmente en la bahía de Kotor, y más aún si se pide piscina o aparcamiento. Por eso sus precios, en temporada, llegan a ser prohibitivos. Al hacer el *check in* se ha de pagar una tasa turística municipal que normalmente no está incluida en el precio. Lo que son muy frecuentes son los alquileres vacacionales privados, reconocibles por los carteles de *sobe* o *apartmani*. En las zonas rurales abundan los pequeños *resorts* compuestos por casitas rústicas. Con este panorama "minifundista", la búsqueda de alojamiento resulta un poco engorrosa, pero como contrapartida encontramos establecimientos con algo más de carácter. Los buscadores en línea o las páginas web de turismo oficial de cada municipio son una buena opción de búsqueda. A medida que nos acercamos a Albania o nos adentramos en el interior, la oferta hotelera aumenta y los precios disminuyen.

BAHÍA DE KOTOR

Palmon Bay Hotel & Spa
- ✉ 7 Sava Ilića, Herceg Novi.
- ☎ +382 31 332 442.
- 🖥 www.palmonbayspa.com

En la zona nueva de Herceg Novi, un 4 estrellas con habitaciones amplias y balcones con vistas a la bahía. En temporada se paga, pero fuera de temporada puede llegar a ser una ganga.

Heritage Grand
- ✉ Marka Martinovića, Perast.
- ☎ +382 32 311 415.
- 🖥 www.hotelheritage-grandperast.com

5 estrellas en el corazón de Perast, en un palacio veneciano del siglo XVIII con habitaciones modernas. En el edificio anexo está el exclusivo Spa Cataleya.

Leon Coronato
- ✉ Obala Marka Martinovica 117, Perast.
- ☎ +382 67 029 163.
- 🖥 www.leoncoronato.com

Un pintoresco 4 estrellas en el palacio antiguo palacio Brajković Martinović, del siglo XVII, con una ubicación privilegiada junto a la iglesia de San Nicolás de Perast.

Forza Mare
- ✉ Kriva, Dobrota.
- ☎ +382 32 333 500.
- 🖥 www.forzahotels.com

Hotel boutique exclusivo entre Perast y Kotor, en primerísima línea de mar, con una terraza que se asoma al Adriático, con un puñado de habitaciones temáticas. Buen restaurante. Tiene un hotel hermano más al sur: el Forza Terra.

Hostel Pupa
- ✉ 254 Njegoševa, Kotor.
- ☎ +382 67 645 813.

La referencia de la bahía para alojarse barato pero sin perder los mínimos frente al casco viejo de Kotor, con buen ambiente de mochileros. Habitaciones privadas y dormitorios comunes.

Vardar
- ✉ Trg od oružja, Kotor.
- ☎ +382 32 311 300.
- 🖥 www.hotelvardar.com

Puede que sea la opción más encantadora del casco antiguo de Kotor, con vistas a la plaza de la torre del reloj, en un edificio histórico pero con habitaciones completamente renovadas.

The Chedi
- ✉ Luštica Bay Marina, Radovići.
- ☎ +382 32 661 266.
- 🖥 www.chedilusticabay.com

Junto al club náutico de la bahía de Luštica y con playa privada para clientes, es una opción excelente para quienes puedan permitirse unos precios bastante superiores a la media. Muy buen restaurante.

Forte Rose
- ✉ Rose (Herceg Novi).
- ☎ +382 31 337 432
  +382 67 377 311.
- 🖥 www.forterose.me

Uno de los alojamientos con más carácter de las bocas de Kotor, con una parte que emula la fortaleza de entrada a la bahía sobre cuyos cimientos se ha construido. Villas en torno a una piscina, próxima a una playa de guijarros finos y buen restaurante.

Registro

En Montenegro todavía perdura una ley de la vieja Yugoslavia según la cual los turistas han de registrarse al llegar a una ciudad. Quienes se alojen en un hotel no deben preocuparse porque estos establecimientos están autorizados para hacer el trámite de manera automática, pero si se acude a alquileres vacacionales convendría asegurarse de que lo harán los dueños ya que, si no, es el turista el que debería acudir a realizarlo en una comisaría de policía durante las primeras 24 h de su estancia, y repetir el trámite con cada cambio de domicilio. La realidad es que son muchos, quizá la mayoría, los huéspedes y propietarios que omiten el trámite sin sufrir ninguna consecuencia.

Freedom Hostel Budva
- ✉ Njegoševa 30, Budva.
- ☎ +382 67 459 966
  +382 67 837 110.

Albergue con una ubicación inmejorable en la vieja Budva. Dormitorios y zonas comunes compartidas.

Splendid Conference & Spa Resort
- ✉ Bečići bb.
- ☎ +382 33 773 777.
- 🌐 www.montenegrostars.com

Hotel frente a la playa de Bečići, en torno a un espectacular grupo de piscinas, que alberga un famoso casino (Merit Casino Royal Splendid). 5 estrellas.

Akva Park Mediteran
- ✉ Bečíci bb.
- ☎ +382 33 689 000.
- 🌐 www.mediteran.me/en/aqua-park

Hotel con aquapark cerca del anterior, aunque más apartado de la playa.

La Villa Boutique Hotel
- ✉ 2 Cara Dušana, Budva
- ☎ +382 67 051 736.
- 🌐 www.lavillabudva.com

Junto al puerto deportivo. Habitaciones modernas. Precios elevados.

Majestic Budva
- ✉ 11 Slovenska, Obala.
- ☎ +382 33 401 700.

Fantástico 4 estrellas junto al casco viejo de Budva, frente al puerto deportivo y junto al aparcamiento público. Vistas a la bahía.

Villa Miločer
- ✉ Sveti Stefan, Pržno.
- ☎ +382 33 420 000.
- 🌐 www.aman.com/resorts/aman-sveti-stefan

La residencia de verano de la reina Marija Karađorđević es uno de los alojamientos más exclusivos del país, junto a una de sus playas más bellas exclusiva para sus huéspedes. Aquí se casó Novak Djoković.

Stara Čaršija
- ✉ StaroBarska Carsija 243, Bar.
- ☎ +382 68 888 863.
- 🌐 www.staracarsija.me

Hotel-spa construido en piedra y madera, y con una evocadora decoración historicista oriental a base de cerámicas y vidrieras. Piscina y restaurante panorámicos. 5 estrellas aunque no es estrictamente lujoso. Buena relación calidad-precio.

Palata Venezia
- ✉ Ulcinj.
- ☎ +382 67 600 405.
- 🌐 www.hotelpalata venezia.com

Hotel con piscina, sauna y gimnasio en pleno casco viejo, con un pequeño museo de los corsarios y una casa tradicional de estilo otomano; habitaciones amplias y luminosas, algo anticuadas pero todavía cómodas.

The New Mediteran "Villa Edition"
- ✉ Mujo Ulcinaku, Ulcinj.
- ☎ +382 68 003 311.
- 🌐 www.hotel-mediteran.com

Hotel con habitaciones amplias, luminosas y con balcón, muy próximo a la playa pequeña de Ulcinj; algunas con vistas al casco viejo.

Pirate Backpackers
- ✉ Rr. 28 Dhjetori, Ulcinj.
- ☎ +382 68 212 552.
- 🌐 www.hostel-pirate.me

Hostal a 25 min a pie del casco viejo con habitaciones privadas y dormitorios compartidos, y buen ambiente mochilero.

FFF Ada Bojana
- ✉ Velika Plaža BB, Ulcinj.
- ☎ +382 30 455 059.
- 🌐 ulcinjska-rivijera.com

Resort naturista en la isla fluvial del delta del río Bojana, fronteriza con Albania, frente a una playa de arena.

LAGO SKADAR

Kod Strugara
- ✉ Karuč.
- ☎ +382 69 027 882.
- 🌐 www.karuc.me

Apartamentos donde lo mejor son las vistas al lago Skadar, la cocina casera a base de pescado fresco y el trato familiar. Se publicitan como Karuč Apartments.

Eco Resort & Winery Cermeniza
- ✉ Boljevići.
- ☎ +382 67 373 059
- 🌐 www.cermeniza.me

Chalets de piedra alrededor de una piscina con vistas a la montaña en las proximidades del lago Skadar. Buen restaurante y bodega familiar con viñedo propio.

CAPITALES

Terminus
- ✉ Bb Bulevar Mitra Bakića, Podgorica.
- ☎ +382 20 622 003.

Opción funcional para quienes tengan que pernoctar cerca de la estación de tren y autobús de Podgorica.

Fobra
- ✉ 19 V Proleterske Brigade, Podgorica.
- ☎ +382 69 337 009.
- 🌐 hotelfobra.com

Buena relación calidad precio en un hotel pequeño y bien equipado.

Boscovich Boutique Hotel
- ✉ 55 Marka Miljanova, Podgorica.
- ☎ +382 20 230 722.
- 🌐 www.hotelboscovich.com

Excelente hotel de diseño y lujo en pleno centro de la capital, con una relación calidad-precio muy interesante. Buen restaurante.

Gradska
- ✉ Dvorski Trg 5, Cetinje.
- ☎ +382 41 232 088.
- 🌐 www.gradska.me

Ubicación inmejorable en la antigua embajada de Bulgaria de Cetiña. Buen equipamiento y precios altos pero acordes a la calidad. Buen restaurante también para los que solo estén de paso.

Sokoline
✉ Poštanski fah 35, Danilovgrad.
☎ +382 69 011 444.
🖳 www.hotel-sokoline.me
Hotel y restaurante de camino al monasterio de Ostrog desde Podgorica. Habitaciones sencillas y cómodas con balcones con fantásticas vistas.

Konoba Ostroške grede
✉ Ostrog, Nikšić.
☎ +382 69 462 133.
Casita de campo aislada y panorámica, situada a mitad de subida entre Bogetići y el monasterio de Ostrog, ideal para visitar el monasterio bien temprano antes de que empiecen las aglomeraciones. Desayuno casero delicioso y venta de productos típicos locales.

MONTAÑAS DEL NORTE
Los *eco-katun* o *ethno-katun* suelen ser resort de montaña con cabañas de madera, austeras pero bien equipadas con buena relación calidad-precio.

Bianca Resort & Spa
✉ Mirka Vešovića, Kolašin.
☎ +382 20 863 000.
🖳 www.biancaresort.com
Singular construcción a dos aguas de grandes dimensiones, con una espectacular piscina cubierta y salones con chimenea.

Modern Mountain La Stella
✉ Boška Rašovića, Kolašin.
☎ +382 67 817 190.
Apartamentos a las afueras de Kolašin, de camino a las estaciones de esquí, sobre uno de los mejores restaurantes de la zona.

Eco Village Goleš
✉ Goleš, Kolaši.n
☎ +382 68 003 056.
Cabañas de madera en el corazón del Parque Nacional de Biogradska Gora, para llegar a pie o en 4x4.

Serdar
✉ Polja.
☎ +382 69 171 777.
Moderno hotel a las afueras de Mojkovac, donde comienza el cañón del Tara.Habitaciones sencillas y cómodas. Buen restaurante.

Hostel Hikers Den
✉ 18 Vuka Karadžića, Žabljak.
☎ +382 67 854 433.
🖳 hostelzabljak.com
Buenos precios cerca de la estación de autobuses de Žabljak. Habitaciones privadas y compartidas.

Polar Star
✉ Borje bb, Žabljak.
☎ +382 67 609 444.
🖳 www.polarstar.me
Hotelito de montaña funcional con precios competitivos a las afueras de Žabljak, de camino al puente Djurdjevića.En invierno tiene un pequeño remonte anexo para aprender a esquiar.

Soa
✉ Žabljak
☎ +38269151152
🖳 www.hotelsoa.com
Moderno hotel de montaña con 4 estrellas, con una ubicación inmejorable en el corazón del Parque Nacional de Durmitor.

Rafting Camp Tara Tour
✉ Scepan Polje bb.
☎ +38269086106
☎ +38269640308.
🖳 www.tara-tour.com
Ubicación inmejorable en la confluencia de los ríos Tara y Piva (atardeceres de fábula y baños en río). Cabañas de madera modestas y comedor semiabierto con una gran parrilla. Una opción austera pero sensorial para quienes quieran probar el mejor rafting por el Tara con una empresa fiable.

▌Ocio nocturno

La fama de gente tranquila que tienen los montenegrinos sale a relucir en una vida nocturna que suele echar el cierre bastante pronto. La capital del *clubbing* es Budva, y más allá hay poco que rascar. En Podgorica hay una cultura interesante del pub que no se alarga mucho, con el **Culture Club Tarantino** a la cabeza o el chiringuito **Na Moraču Plažni Bar** para las noches de verano. Algo parecido ocurre en Nikšić con el **Propaganda Bar** o el **Blues Brothers**. En el casco viejo de Herceg Novi se puede tomar algo en el singular **Pub Got** y luego probar el ambiente el **People's** en la playa de Rafaello. En Tivat se puede encontrar ambiente en el exclusivo **House5**, mientras que en Ulcinj, en el **Plan B**.

KOTOR

Moja Kafanica
✉ Stari Grad, 364.
☎ +382 69 822 722.
Cafetería y bodega con vinos montenegrinos situada en pleno casco viejo, que en ocasiones organiza pequeños conciertos.

Letrika
✉ Stari Grad, 427.
☎ +382 69 077 747.
En el casco viejo, cafetería y coctelería de buen ambiente en la que, a última hora, el público a veces se desmadra y acaba bailando, aunque solo hasta la 1 h.

Club Maximus
✉ Stari Grad, 433.
☎ +382 67 217 101.
En el arsenal de la muralla, es el único gran club de Kotor, abierto los fines de semana. Dispuesto como un teatro, hay que hacerse con una mesita de pago para poder estar en la "pista".

BUDVA
La capital estival de Montenegro ha buscado durante años convertirse en uno de esos grandes destinos de fiesta del Mediterráneo. Algunos de sus clubes icónicos han cerrado en los últimos años, aunque sigue manteniendo músculo nocturno. Se puede empezar tomando algo en las terrazas de la vieja Budva, luego seguir por la playa Slovenska y terminar en algún club.

Casper Bar & Coffee Roastery
✉ Petra I Petrovića.
☎ +382 33 402 290.
En el caso viejo, un todoterreno para desayunar o tomar copas escuchando su programa musical, con DJs internacionales.

Omnia
✉ 13. Jula.
☎ +382 68 040 333.
☏ www.facebook.com/omniabudva

Cerca de la playa de Greco, próximo a la Budva vieja, club abierto a diario para bailar hasta altas horas y los fines de semana 24 h. En ocasiones hay música en directo aunque su especialidad son las remezclas pop.

Top Hill
✉ Topliški Put.
☎ +382 67 478 888.
☏ www.tophill.me
Sobre una colina de la nueva Budva a la que habría que desplazarse en coche o taxi, un gran club de música electrónica con capacidad para unas 5.000 personas y una cartelera casi diaria de DJs más o menos afamados. Ambiente exclusivo con gran zona VIP y salas temáticas con jacuzzi, vodka, shishas… Solo en temporada.

I Divertirse

COSTA SUR

BUCEO EN BUDVA

Budva Diving Center
✉ Dukley Marina.
☎ +382 68 060 416
    +382 67 066 093.
☏ www.budvadiving.com

Diving Montenegro
✉ Sportski Centar, Slovenska Obala.
☎ +382 69 466 124
    +382 67 487 987
    +382 69 827 386.
☏ www.divingmontenegro.me

ACTIVIDADES EN BAR

Ave Tours
✉ Maršala Tita.
☎ +382 69 034 416.
☏ avetours-montenegro.com
Con sede en la localidad de Bar y especializados en la mitad sur del país, ofrecen tours temáticos con el abecé de las esencias de esta región.

NAVEGANDO EL LAGO SKADAR

Boat Golden Frog
✉ Virpazar.
☎ +382 69 402 776.
Paseos en barco por el Parque Nacional a bordo de un *čun* tradicional de madera. Puede ser un paseo privado y a medida, o en grupos con horarios e itinerarios fijos desde aprox. 30 € cada hora para grupos de hasta 5 pax. Buenas guías en inglés.

Sidro Boat Cruising
✉ Rijeka Crnojevića.
☎ +382 67 581 581
    +382 67 832 850.
☏ www.boatcruising-sidro.me
Paseos en barca y kayak desde Rijeka Crnojevića, a los pies del mirador de Pavlova Strana, para recorrer los meandros del Crnojevića justo antes de su desembocadura en el lago Skadar.

ACTIVIDADES DE MONTAÑA

Active Travels Montenegro
☏ www.activetravelsmontenegro.com
Los principales barrancos del país, senderismo, recorridos costeros…

Durmitor Adventure
☏ durmitoradventure.com
Centrados en el entorno del Parque Nacional de Durmitor: rafting, tirolina, vías ferratas, barranquismo…

Montenegro Canyoning
Especializados en barranquismo por cañones.
☏ montenegro-canyoning.com/en/

Información Práctica

❚ Embajadas

Embajada de Croacia en Madrid
No hay embajada española en Montenegro, pero la de Serbia amplía su radio de acción hasta este territorio. Sí existe un consulado honorario español en Podgorica cuyo contacto es +381 63 285 082 (ch.podgorica@maec.es), pero los trámites generales y las emergencias se deben gestionar a través de…

Embajada de España en Belgrado
- ✉ Prote Mateje 45, Belgrado (Serbia).
- ☎ +381 11 344 02 31. Emergencias consulares (24 h): +381 632 85 0 82.
- 🔗 emb.belgrado@ maec.es (cuestiones generales)
- 🔗 emb.belgrado.info@ maec.es (asuntos consulares)

Teléfonos de Emergencia
Emergencias: 112
Policía: 122
Bomberos: 123
Ambulancias: 124
Asistencia en carretera (Asociación Automovilística de Montenegro): 19807.
Rescate de montaña: +382 (0) 40 256 084.

ANTES DE PARTIR

❚ Cuándo ir

Durante el verano, la **costa** del Adriático es un destino muy concurrido, aunque las aglomeraciones se dan en puntos bastante definidos. Apenas hay grandes núcleos urbanos con torres de hoteles, como es el caso de Budva, así que se puede encontrar cierta tranquilidad en localidades menores, e incluso calas solitarias. En cualquier caso, los que puedan posponer o adelantar sus vacaciones a los periodos de mayo-junio o septiembre-octubre, van a poder disfrutar de temperaturas cálidas, precios asequibles y destinos desatascados. En invierno, salvo por la época del carnaval, la mayoría de los pueblos de la costa muestran una cara un tanto mustia con muchos establecimientos turísticos e instituciones culturales cerradas.

El **interior** de Montenegro tiene momentos muy atractivos a lo largo de todo el año, aunque los meses centrales del verano son ideales para el gran público. Sus montañas se hacen accesibles y basta conducir por las carreteras panorámicas de Durmitor o Prokletije para disfrutarlas. También es un momento muy plácido para hacer *rafting* en el Tara o barranquismo en cañones como el de Nevidio; quieran busquen emociones más fuertes, harían bien en viajar al final de la primavera, cuando el deshielo genera corrientes de agua más adrenalínicas. El otoño es particularmente bello en los bosques primarios de Biogradska Gora. Y el invierno puede ser interesante para los amantes de los deportes blancos en Kolašin.

❚ Clima

El clima de Montenegro puede cambiar radicalmente viajando unos kilómetros. Las condiciones en la **costa** son suaves, típicamente mediterráneas, aunque durante el invierno son algo más frías que las del Levante español y las precipitaciones son más abundantes durante todo el año. Pero la situación cambia drásticamente con poco que nos adentramos en el **interior** montañoso de los Balcanes, bastante más frío comparativamente que nuestro interior peninsular. Es ilustrativo que sus principales estaciones de esquí disfrutan de grandes cantidades de nieve situándose apenas entre 1.500 y 2.000 m de altitud. Otro buen ejemplo lo pone la famosa carretera panorámica de Durmitor, que puede permanecer cerrada durante varias semanas durante el invierno al quedar cubierta por varios metros de nieve.

Temperaturas Kotor (costa adriática)

	Temp. máx. media (°C)	Temp. mín. media (°C)	Precipitación total (mm)
Enero	13	2	101
Feb.	13	2	109
Marzo	16	5	113
Abril	19	7	116
Mayo	24	12	75
Junio	28	15	65
Julio	31	18	24
Agosto	31	18	58
Sept.	26	14	103
Oct.	22	11	117
Nov.	17	7	167
Dic.	13	3	165

Temperaturas Podgorica (interior, capital)

	Temp. máx. media (°C)	Temp. mín. media (°C)	Precipitación total (mm)
Enero	9.5	1.4	192.
Feb.	11.3	3.2	167
Marzo	14.9	5.8	159
Abril	19.1	9.1	145
Mayo	24.2	13.5	88
Junio	28.2	17.3	63
Julio	31.7	20.3	39
Agosto	31.6	20.2	66
Sept.	27.4	16.5	120
Oct.	22.7	11.6	164
Nov.	15.4	6.8	238
Dic.	8.0	2.9	217

Temperaturas Žabljak (P. N. de Durmitor)

	Temp. máx. media (°C)	Temp. mín. media (°C)	Precipitación total (mm)
Enero	0.3	-8.8	192
Feb.	09	-7.8	167
Marzo	3.7	-5.2	159
Abril	7.8	-1.2	145
Mayo	13.)	3.2	88
Junio	16.8	6.6	63
Julio	19.5	8.1	39
Agosto	19.6	7.9	66
Sept.	16.3	5.2	120
Oct.	11.5	1.4	164
Nov.	6.1	-2.6	238
Dic.	1.9	-6.5	217

▮ Oficinas de turismo (Turistička Organizacija)

Portal oficial de turismo de Montenegro en español:
- ✉ +382 077 100 001 +382 080 001 300.
- 🖰 www.montenegro.travel/es

Herceg Novi
- ✉ Nikole Đurkovića, 8.
- ☎ +382 31 581 054.
- 🕐 L-S: 8-21 h.
- 🖰 www.hercegnovi.travel

En temporada otros puntos de información en Baošici, Igalo, Kamenari, Meljine y Škver (lunes a viernes, de 8 a 14.30 h; algunas cierran a las 21 h).

Kotor
- ✉ Stari Grad, 315.
- ☎ +382 32 783 275.
- 🕐 L-S: 8-15 h.
- 🖰 www.kotor.travel

Tienen un punto de información abierto durante el verano de 8 a 18 h justo a la entrada de la ciudad amurallada desde el puerto (+382 32 325 950).

Budva
- ✉ Stari Grad: Njegoševa, 28.
- ✉ Centar: Mediteranska, 5.
- ✉ TQ plaza: Mediteranska, 8/6.
- ☎ +382 33 402 814.
- 🕐 L-S: 8-21 h.
- 🖰 www.budva.travel

Cetiña
- ✉ Bajova 2, Cetinje.
- ☎ +382 41 230 250.
- 🖰 www.cetinje.travel

Podgorica
- ✉ Slobode, 47.
- ☎ +382 20 667 535.
- 🕐 L-V: 9-15.30 h;
  S: 9-13 h.
- 🌐 podgorica.travel

Bar
- ✉ Vladimira Rolovika, 10.
- ☎ +382 30 311 633.
- 🕐 L-V: 8-15 h; S: 9-14 h.
- 🌐 www.bar.travel

En temporada turística tiene oficinas-quiosco en ubicaciones como la vieja Bar (junto al aparcamiento en la calle StaroBarska Čarsija), en Sutomore, Čanj, Dobra Voda o Virpazar.

Ulcinj
- ✉ Bul. Majke Tereze bb (Zgrada Idea Market).
- ☎ +382 30 412 333.
- 🌐 ulcinj.travel/en/

Žabljak
- ✉ 32 Vuka Karadžića, Žabljak (junto a la estación de autobuses).
- ☎ +382 52 361 802.
- 🕐 8-20 h.
- 🌐 tozabljak.com

▮ Documentación

Aunque Montenegro no forma parte del espacio Schengen ni de la UE, los ciudadanos españoles sí pueden entrar en el país presentando simplemente el **DNI**, siempre que sea para estancias de hasta 90 días y en un periodo de 6 meses. En cualquier caso es buena idea llevar el pasaporte porque podría hacer falta para realizar excursiones que impliquen cruzar a Albania, Bosnia, Kosovo o Serbia. Para estancias superiores a 90 días es necesario solicitar un visado en la Embajada de Montenegro en Madrid.

Montenegro acepta la validez de los **permisos de conducir** expedidos por países de la UE para estancias de hasta 3 meses, aunque no exista un acuerdo específico entre España y Montenegro. Si se planea cruzar las fronteras de Albania, Bosnia, Kosovo o Serbia, sería necesario solicitar el Permiso Internacional en la DGT. El Ministerio de Exteriores recomienda registrar los datos del viaje en el **Registro de viajeros** para facilitar la atención en situaciones de emergencia. La tarjeta sanitaria europea TSE no tiene validez en Montenegro, por lo que sería recomendable contratar un **seguro de viajes**.

▮ Moneda

El **Euro** es la moneda de uso común en Montenegro. El pago con tarjeta está extendido y hay numerosos cajeros, pero conviene llevar **efectivo** especialmente si se va a viajar a pueblos del interior. En las zonas fronterizas con Albania, Bosnia o Serbia suelen aceptar pagos con las divisas de estos países.

Técnicamente el Euro no es la moneda de curso legal, sino una divisa *de facto* ya que el país no pertenece a la Eurozona ni ha firmado ningún acuerdo con el BCE, sino que ha adoptado esta moneda de manera unilateral, algo que no se consideraría acorde a los tratados de la Eurozona. Todo se entiende mejor si nos remontamos a 1999, cuando el Banco Central Yugoslavo, para proteger a Montenegro de la hiperinflación, decidió establecer un sistema de doble divisa en el que convivieran el marco alemán y el dinar yugoslavo, una decisión relativamente exitosa que terminó con el marco como moneda de uso común, así que el cambio al Euro fue algo prácticamente automático cuando esta divisa entró en vigor en 2002.

▮ Teléfonos y comunicaciones

Utilizar un teléfono móvil español en Montenegro puede resultar extraordinariamente caro ya que este país no está adherido al tratado de *roaming* de la UE. Una línea contratada en España normalmente sí tendrá cobertura, pero su uso en este país no estará incluido en la tarifa plana, sino que funciona con unas tarifas que generalmente son muy elevadas; basta encender los datos móviles para que empiece a generar gasto. Lo mejor es **adquirir una tarjeta SIM montenegrina de prepago,** a la venta en la terminal de llegadas del aeropuerto y en quioscos, tiendas de telefonía o informática de las principales localidades. En cualquier caso, el operador español podría disponer de alguna tarifa especial para usar el teléfono en Montenegro, que normalmente habría que contratar con antelación.

Huso horario y costumbres

El huso horario montenegrino es el mismo que el español peninsular, es decir, en invierno UTC+1 y en verano UTC+2, produciéndose el cambio en las mismas fechas. Dada su ubicación mucho más al este, hay que contar con que amanece y anochece aproximadamente 1.30 h antes que en la Península. Así, la costumbre es que todo suceda un poco más temprano que en España en general. Salvo en zonas de playa y en temporada, sería recomendable no retrasar demasiado la cena porque los establecimientos cierran relativamente temprano. Es habitual que las cocinas y los comercios abran durante todo el día sin pausas de mediodía.

DURANTE LA ESTANCIA

Llegada en avión

Hay dos **aeropuertos** internacionales en Montenegro. El principal, el de **Podgorica,** no es un destino frecuente ni barato desde los aeródromos españoles, al que generalmente se llega haciendo escalas en Belgrado, Roma, Zagreb… Por su parte, el aeropuerto de **Tivat** apenas recibe vuelos chárter. Lo más cómodo es aterrizar en Podgorica, pero conviene valorar la posibilidad de volar hasta el aeropuerto de Dubrovnik (Croacia) para, desde aquí, alquilar un vehículo o tomar alguno de los autobuses que conectan la ciudad con Kotor (2.30 h) o Podgorica (4 h). Este aeropuerto situado en el extremo sur de Croacia, muy próximo a las fronteras con Bosnia y Montenegro, tiene conexiones directas con los aeropuertos de Barcelona (Vueling) y Madrid (Iberia) entre primavera y otoño.

Aeropuerto de Podgorica (TGD). Se ubica en Golubovci, a unos 12 km al sur de la capital, de camino al lago Skadar y a la localidad costera de Bar. Un **taxi** hasta la capital cuesta unos 15 €, mientras que a Bar,

Direcciones de interés

Aeropuerto de Montenegro
🖰 montenegroairports. com

Taxi del aeropuerto a las ciudades de Montenegro
☎ +382 67 995 757.
🖰 zetataxi.me

Aeropuerto de Dubrovnik
🖰 www.dbv.hr/en

Autobús lanzadera
🖰 platanus.hr/ shuttle-bus

Estación de autobuses de Dubrovnik
🖰 www.kolodvor.hr/en

VTC y minibuses

MTO Airport Taxi
☎ +382 69 110 101.
🖥 montenegrotouro-
       perator.com
Go Montenegro
☎ +382 69 737 787.
🖥 gomontenegro.me

Budva o Kotor puede salir por entre 50 y 80 €. Más barato sería tomar alguno de los **autobuses** (BTC Zeta, MS Tours y Zejdin) que conectan con la estación central de autobuses de Podgorica cada 30 o 60 min (6 -22 aprox). La **línea ferroviaria** que conecta Bar con Podgorica hace parada en un pequeño apeadero (*Aerodrom*) que queda a unos 15 min a pie de la terminal sin posibilidad de salvar el tramo en transporte público. En la terminal operan varias empresas de **alquiler de vehículos** internacionales como Avis, Budget, Europcar o Sixt, además de otras nacionales que pueden resultar más económicas, sobre todo si se pretende cruzar fronteras o devolver el vehículo en otra ubicación.

Aeropuerto de Dubrovnik (DBV). Este aeropuerto croata se ubica a unos 20 km al sureste de Dubrovnik en dirección a la frontera con Montenegro. De hecho, solo dista unos 30 km de la ya montenegrina Herceg Novi y unos 70 km de Kotor. Hay montones de agencias de alquiler de vehículos que, pagando una tasa adicional, permiten conducir por Montenegro. Un VTC hasta Kotor, por ejemplo, podría rondar los 200 € reservando con antelación. Más económico sería tomar un taxi o autobús hasta la estación de autobuses de Dubrovnik para, desde allí, viajar hasta localidades como Herceg Novi (1 h, 30 €), Kotor (1 h, 35 €), Budva (3 h, 35 €) o Podgorica (4 h, 40 €).

Tomar un **taxi** desde el aeropuerto hasta la estación de autobuses de Dubrovnik ronda los 40 € (a la salida de la terminal hay un listado de precios fijados), pero si se contrata un **VTC** con antelación, el precio puede bajar hasta 30 €, e incluso menos si es fuera de temporada. El servicio de **autobuses lanzadera** con mayor frecuencia es el de *Platanus,* que suele anunciar sus horarios en la web, aunque básicamente se puede contar con que salen desde el aeropuerto 30 min después de cada aterrizaje, y llegan unas 2 h antes de cada despegue. El precio es de 10 € ida y 15 € ida y vuelta. Finalmente hay tres líneas regulares de la red de transporte interurbana que alcanzan el aeropuerto (11, 27 y 38; www.libertasdubrovnik.hr/ en) pero con muy poca frecuencia.

Llegada en barco
Se puede llegar en **barco** hasta el puerto montenegrino de Bar desde el italiano de Bari gracias a la conexión semanal que opera cada martes la naviera croata Jadrolinija (www.jadrolinija.hr). El trayecto dura unas 8 h y cuesta unos 75 € por pasajero y unos 100 € por vehículo.

MOVERSE POR MONTENEGRO

Montenegro es un país de grandes paisajes y locali-dades pequeñas. Por breve que sea la estancia, un viaje por estas tierras generalmente suele implicar un puñado de trayectos para visitar varias poblacio-nes, recorrer algún tramo de costa, alcanzar algún monasterio y subir hasta alguna reserva natural. Por eso, lo más cómodo suele ser **alquilar un coche** nada más bajarse del avión, aunque no siempre. Si solo se planea conocer las principales ciudades de la costa y durante la temporada de verano (Herceg Novi, Kotor, Budva, Bar y Ulcinj), el coche podría llegar a ser problemático ya que resulta complicado aparcar, mientras que hay una alta frecuencia de conexiones de **autobús** entre estas localidades. También se po-dría elegir el autobús para explorar las montañas del interior: es sencillo llegar hasta el municipio de Žabljak y, una vez allí, moverse en taxi o VTC para alcanzar los *raftings* del Tara o los *trekkings* de Dur-mitor. Una opción interesante en temporada sería visitar la costa en autobús y luego alquilar un coche para descubrir el interior de Montenegro. Quienes viajen en grupo deberían valorar moverse en **VTC o minibuses**: las distancias cortas y los precios bajos propician que, a veces, esta opción sea más barata que la suma de los billetes individuales de autobús.

Conducir

Montenegro acepta el **permiso de conducir** español para estancias de hasta 3 meses. Es fácil y barato alquilar coches si se reserva con antelación, espe-cialmente en el aeropuerto de Podgorica. Además, recorrer las carreteras montenegrinas es una delicia para todo el que disfruta al volante. Sus viaductos, sus curvas de herradura y sus panorámicas son uno de los grandes activos turísticos de toda la península de los Balcanes. Pero también hay que tener en cuenta que son carreteras lentas y algo peligrosas: las cur-vas ciegas son constantes, los autobuses y camiones invaden los carriles contrarios por falta de espacio, a menudo se conduce sobre precipicios, los vehículos se incorporan desde caminos de tierra que ensucian la vía… Por eso hay que conducir con los cinco senti-dos. Pero vale la pena. Atención: es obligatorio llevar siempre las luces de cruce encendidas.

Una de las grandes experiencias panorámicas mon-tenegrinas consiste en descender hasta las Bocas de Kotor por alguna de las carreteras que serpentean hasta la costa, y luego recorrer el perímetro de la bahía. De los 107 km de litoral que suma entre Herzeg Novi y la península de Luštica, se pueden recorrer

Alquiler de vehículos

Las empresas naciona-les e internacionales de alquiler de vehículos abundan en los aero-puertos de Dubrovnik y Podgorica, y general-mente es donde mejores tarifas ofrecen. También vamos a encontrar una buena oferta en los mu-nicipios de costa, e inclu-so en algunos del interior como Cetiña, Podgorica o Nikšik. En las zonas de montaña puede resultar algo más engorroso con-seguir un vehículo, pero reservando con antela-ción podremos hacernos con uno en Žabljak, Moj-kovac, Kolašin o Bijelo Polje. Si vamos a cruzar cualquier frontera, debe-mos avisar a la compañía de alquiler, ya que para hacerlo generalmente se ha de pagar un extra para que el seguro nos cubra en territorio extranjero.

Montenegro Car
☎ +382 69 269 000.
🖥 www.monte negrocar.me
Compañía nacional con oficinas en las localida-des más concurridas del país. Presta sus servicios bajo demanda en ubica-ciones del interior.

Planet Rent a Car
✉ Avda Međedovića 146, Podgorica.
☎ +382 69 810 805.
🖥 https://planetrenta-car.me
Otra compañía nacional que cuenta con auto-caravanas, furgonetas camperizadas, motos e incluso bicicletas.

❚ Direcciones de interés

Transbordador Kamenari-Lepetane
- ⊙ Salidas cada 20-30 min (24 h).
- 🎫 7,5 €.
- 🔗 trajekt.me/en

Ferrocarriles de Montenegro
- ✉ Željeznički prevoz Crne Gore
- 🌐 www.zcg-prevoz.me

Miki Travel Kotor
- ☎ +382 69 233 163
- 🔗 montenegro-boatexcursions.me/

Kotor Boat Tours
- ☎ +382 69 859 311.
- 🔗 kotorboat-tours.com

Pajo Boats
- ☎ +382 67 300 969
  +382 69 609 337.
- 🔗 pajoboats.com/en/

Adriatic Lines
- 🔗 adriatic-lines.com

80 km casi sobre la orilla. La carretera que recorre el perímetro de la bahía a menudo está limitada a 50 km/h. Pero no hace falta conducir todo el perímetro ir de un lado al otro de la bahía: en el estrecho de Verige, el **transbordador Kamenari-Lepetane** nos permite ahorrarnos hasta 40 km dependiendo del trayecto. Con la carretera despejada no es la opción más rápida ya que se pierde tiempo embarcando y desembarcando, pero sí en temporada alta cuando tiende a colapsarse las playas, los aparcamientos y las entradas a los pueblos.

La otra gran experiencia motorizada montenegrina consiste en recorrer el Anillo de Durmitor, un recorrido de 76 km por un territorio remoto y aislado que, durante el invierno, suele ser impracticable. La carretera que enlaza este anillo con el cañón del Piva a través de la localidad de Trsa es una de las llaves maestras para trazar un circuito espectacular por las carreteras de Montenegro, pero solo se recomienda a conductores a los que no les importa meterse en "problemas". La única autopista montenegrina en funcionamiento es un buen ejemplo de lo complejo que es trazar carreteras en esta orografía. La A1, que aspira a conectar Bar y Boljare, y luego, más allá, con Belgrado, por el lado montenegrino solo cuenta con un tramo abierto de 41 km que se estuvo construyendo entre 2015 y 2022, y en el que casi todo es o un túnel o un viaducto. El tramo conecta las afueras de Podgorica con Mateševo, al norte, y facilita la llegada a Kolašin, Biogradska Gora o la cabecera del cañón del Tara, aunque a costa de perderse el encantado paso por el cañón y el monasterio del Morača.

❚ Autobús

Existen numerosas empresas pequeñas que operan diferentes de líneas en estaciones de todo el país. Para los trayectos principales, el portal de referencia es busticket4.me/ES/ o getbybus.com/es/, pero para enlaces menos habituales, a veces lo más eficaz es acercarse a las estaciones y buscar los horarios que cada empresa cuelga en los tablones. Blue Line (blueline-mne.com) es una de las compañías de transporte más grandes de Montnegro, que opera varias líneas regulares por la bahía de Kotor, además de otras internacionales. La estación de autobuses de Podgorica tiene una oficina de información turística, oficina de cambio de moneda y consigna abierta 24 h. Hay una oficina de alquiler de coches de Sixt pero con horarios muy reducidos (L-V: 8-16 h; S: 8-12 h). La estación de autobuses de Budva se sitúa en Popa Jola Zeca, 7.

❙ Tren

La empresa de ferrocarriles de Montenegro solo cuenta con una línea de 175 km que conecta su principal puerto marítimo, el de localidad de Bar, con la ciudad de Bijelo Polje, al norte, ya casi en la frontera con Serbia, y que luego continúa hacia Belgrado. De camino, pasa por Virpazar, en el lago Skadar, por el aeropuerto y la ciudad de Podgorica, y por los municipios de Kolašin y Mojkovac, que dan acceso a espacios naturales de interés como el Parque Nacional de Biogradska Gora o el cañón del río Tara. No es un servicio práctico para el turista de a pie, aunque sí puede ofrecer una experiencia panorámica para no olvidar.

❙ Barco

El barco es una opción muy interesante para moverse por la bahía de Kotor durante el verano, cuando la tortuosa carretera que recorre su perímetro suele colapsarse, y con ella los aparcamientos de pueblos y playas. A menudo, basta con acercarse a un embarcadero para encontrar los servicios de un taxi acuático particular o un alquiler de kayaks, mientras que en las localidades principales suele haber ferries de línea con horarios fijos.

Una empresa de referencia en este sentido es **Miki Travel Kotor**, que entre mayo y septiembre opera un par de líneas turísticas. La más demandada es la que conecta Kotor, Perast y la isla de Nuestra Señora de la Roca en una excursión de duración aproximada de 2.30 h por un precio de unos 20 €. (realiza paradas de 30 min en cada destino). Otra opción, en una embarcación más rápida, es la que navega hasta la península de Luštica para visitar parajes como la Cueva Azul, la fortaleza de Mamula o los búnkeres submarinos de Rose, en una excursión de unas 3 h por un precio aproximado de 40 €. También realiza excursiones a la carta. Su oferta la calca la empresa competidora **Kotor Boat Tours**. Por su parte, operando al otro lado de la bahía, desde Herceg Novi, **Pajo Boats** es otra referencia en la que los precios y horarios se invierten dadas las distancias: unos 20 € para visitar la Cueva Azul, Mamula y los búnkeres, y 35 € para ir a Perast, la isla y Kotor.

Los ferries de **Adriatic Lines** conectan el puerto croata de Dubrovnik con los montenegrinos de Kotor (3 h; 50 €) y Budva (2 h; 50 €). Es una opción fantástica si el mar está tranquilo, particularmente entre Kotor y Dubrovnik, pero la frecuencia es mucho menor que los autobuses.

Índice de lugares